Maria Kinz

PHOTOALBUM 1918–1938

Der Alltag war nicht immer grau

Ueberreuter

Die Deutsche Bibliothek – CIP-Einheitsaufnahme

Photoalbum 1918–1938: der Alltag war nicht immer grau /
Maria Kinz. – Wien : Ueberreuter, 1993
ISBN 3-8000-3496-4
NE: Kinz, Maria

AU 264/1

Umschlag von Beate Dorfinger unter Verwendung von 2 Fotos von Rudolf Spiegel

Druck und Bindung: E. Theiss, 9400 Wolfsberg
Printed in Austria
1 3 5 7 9 11 10 8 6 4 2

Inhalt

Es hätte eine große Zeit sein können . . .

»Die berühmte gute alte Zeit«, sagte Karl Farkas in einer seiner legendären Conférencen, »verdankt ihr Renommee hauptsächlich dem Umstand, daß ältere Leute oft schon ein schlechtes Gedächtnis haben.« Unter all den zur Verfügung stehenden »guten alten Zeiten« zählt die in diesem Buch beschriebene wohl zu den schlechtesten. Begriffe wie Arbeitslosigkeit, Inflation, Weltwirtschaftskrise, Ausschaltung des Parlaments, Attentat und Bürgerkrieg gehörten zum politischen Vokabular wie heutzutage Demokratie, soziale Gerechtigkeit, Umweltschutz. Dazu kam die wachsende Bedrohung durch die im benachbarten Deutschland immer stärker, präpotenter und brutaler werdenden Nationalsozialisten.

Österreich war 1918 vom mächtigen Kaiserreich zur kleinen Republik, die noch dazu »keiner wollte«, geschrumpft. Als der Umsturz vorbei und der zur Abdankung gezwungene Kaiser Karl außer Landes war, gestand Österreichs erster Staatskanzler Karl Renner: »Also, eines muß ich schon sagen: Wenn der alte Kaiser Franz Joseph noch gelebt hätt', hätten wir uns das nicht getraut!«

Das war die Revolution auf Österreichisch. Während anderswo Blut floß, wurde hierzulande der Monarch sozusagen zu den Klängen des Kaiserwalzers ins Exil geleitet.

Der katastrophalen Not, dem unvorstellbaren Elend der kleinen Leute stand in den Jahren zwischen 1918 und 1938 eine geistige und kulturelle Blüte von selten dagewesener Intensität gegenüber. Sigmund Freud veröffentlichte wichtige Abhandlungen zur Psychoanalyse. Arthur Schnitzlers »Reigen« wurde in Wien erstmals gespielt (und gleich wieder verboten). Hugo von Hofmannsthal und Max Reinhardt gründeten die Salzburger Festspiele und brachten dort den »Jedermann« zur Uraufführung. Hermann Bahr, Karl Kraus, Felix Salten, Egon Friedell, Anton Kuh und Peter Altenberg zählten zu jenen »Bewohnern des Café Central, die allein sein wollten, aber dazu Gesellschaft brauchten«, wie Alfred Polgar, ein weiterer »Centralist«, das Wesen der Kaffeehausliteratur beschrieb. Die Zeit war auch geprägt von der Architektur eines Adolf Loos, der richtungsweisenden Musik Gustav Mahlers, Arnold Schönbergs, Alban Bergs. In Österreich lebten und wirkten Giganten, wie unsere Wohlstandsgesellschaft sie weder qualitativ noch quantitativ je aufzuweisen haben wird.

Diese innere Größe war freilich kein Verdienst der Ersten Republik, sie profitierte vielmehr vom schöpferischen Reichtum eines in den Schmelztiegel Wien emigrierten, nicht mehr existenten Fünfzig-Millionen-Volkes.

Überhaupt schien es, als wäre das alte Kaiserreich noch nicht ganz untergegangen. Die Regenten saßen freilich nicht mehr in der Hofburg, sondern im Theater an der Wien, in der Volksoper, in der Scala, im Bürger-, Carl- und im Raimundtheater. Franz Lehár, Emmerich Kálmán, Oscar Straus, Robert Stolz, Edmund Eysler und Paul Abraham ließen mit der von ihnen beherrschten Silbernen Operette die alte Monarchie weiterleben, als hätte es den November 1918 gar nicht gegeben: Gerade in den zwei depressiven Jahrzehnten zwischen dem Zusammenbruch der Monarchie und dem »Anschluß« an das Deutsche Reich feierten Operetten wie »Gräfin Mariza«, »Zirkusprinzessin«, »Zarewitsch«, »Land des Lächelns«, »Viktoria und ihr Husar«, »Ball im Savoy« ihre glanzvollen Uraufführungen. Kaiser Franz Joseph trat 1930 in Ralph Benatzkys »Weißem Rößl« ebenso selbstverständlich auf wie zwei Jahre später die Kaiserin »Sissy« im gleichnamigen Singspiel von Fritz Kreisler. Prinzen und Grafen bevölkerten, samt ihnen blind ergebenen Kutschern und Kammerdienern, den allerletzten Rest einer – zumindest auf der Bühne – heil gebliebenen Welt. »Getanzte Konterrevolution« nannte ein Kritiker die im Theater gestillte Sehnsucht nach einer dahingegangenen Zeit, die wohl – um noch einmal die Definition von Farkas zu Hilfe zu nehmen – damals aus ähnlichen Gründen als »gute

alte« galt wie heute die in diesem Buch festgehaltene: ein typischer Fall von Gedächtnisschwäche.
Apropos Farkas. Der war in jenen Tagen zwischen den Kriegen in einem anderen, blühenden Fach tätig, dem Kabarett. Gemeinsam mit Fritz Grünbaum hatte er eine neue Form der Unterhaltung geschaffen, über die der »Mann von der Straße« lachen konnte, ohne daß sich der Intellektuelle dafür genieren mußte. »Leute mit Plattfüß' sind jetzt die glücklichsten«, sagte Farkas 1931 beim drohenden Zusammenbruch der Creditanstalt, »sie sind nämlich die einzigen, die ihre Einlagen herausnehmen können.« Daneben gab es die politisch und literarisch ambitionierten Kabaretts um Jura Soyfer, Peter Hammerschlag, Stella Kadmon, Hans Weigel. Ja, und dann lebten im damaligen Wien noch Joseph Roth, Franz Werfel, Robert Musil, Stephan Zweig . . .
Es hätte also eine große Zeit sein können, wenn der Menschheit (deren »letzte Tage« Karl Kraus schon 1919 vorhergesehen hatte) nicht das Hemd näher gewesen wäre als der Rock. Kein Wunder, ein hungerndes Volk ohne Arbeit, ohne Hoffnung konnte auch durch große Literatur, geniale Musik, bahnbrechendes Theater, treffsicheren Humor nicht satt werden. Und so bekamen die Barbaren ihre Chance, über dieses Land herzufallen, um ihm auch noch die Kultur zu nehmen. Eine neue, für tausend Jahre konzipierte »gute alte Zeit« war angebrochen, grausamer als jede andere davor und danach. Zur Armut gesellten sich Krieg, Massenmord, noch schlimmeres Elend.
Was folgte, folgen mußte, war ein Neubeginn ab 1945, der nach all dem Leid als wundersam glückliche Fügung zu betrachten ist.
Dieses Buch zcigt uns die Zeit von 1918 bis 1938. Es zeigt, daß sie alles andere war als eine »gute, alte«. Aber es zeigt auch, daß die Leute inmitten des größten Elends in der Lage waren, Glück und Freude zu empfinden.

GEORG MARKUS
Wien, im Juni 1993

GASTWIRTSCHAFT
HAINZ
SCHWECHATER BIER
MODE-WAREN
Schneidermeister
HERRENKLEIDER
STOFFEN
HERRENGARDEROBE
FEINE MASSARBEIT

Die Republik

Der Himmel spielte nicht mit an jenem 12. November 1918. Kein strahlender Sonnenschein am wolkenlosen Himmel – kein Kaiserwetter, wie es sonst oft bei besonderen Anlässen der Fall war.
Aber es gab ja auch keinen Kaiser mehr: Karl I. verließ an diesem Tag Schloß Schönbrunn. Und es gab auch keine Monarchie mehr; sie war an ihrem multinationalen Gefüge zerbrochen.
Am 11. November 1918 hatte die kaiserliche Regierung, mit Dr. Heinrich Lammasch an der Spitze, demissioniert; am Ende dieser denkwürdigen Sitzung soll der Ministerpräsident erklärt haben: »Das ist das Ende! Es war alles viel zu spät!«
Die Bemühungen des Kaisers um Land und Krone waren und blieben chancenlose Rettungsversuche in letzter Minute: das Völkermanifest ebenso wie das spontan arrangierte Vier-Augen-Gespräch zwischen Kaiser Karl und dem Sozialdemokraten Dr. Victor Adler.
Waren nicht auch die im Oktober geführten Gespräche zwischen Sozialdemokraten und Christlichsozialen über die Möglichkeit, Kaiser Karl vielleicht doch an die Spitze eines föderativen Staates zu stellen, eine unrealistische Farce?
Die historische Zäsur war längst gesetzt.
Jener Spätherbsttag, an dem ein neues Kapitel österreichischer Geschichte begann, war also regenverhangen, naßkalt und trist – was Tausende Wiener trotzdem nicht abhielt, an der Kundgebung vor dem Parlament teilzunehmen und die Proklamation des neuen Staates unmittelbar mitzuerleben.
Es waren sicherlich eindrucksvolle Minuten, als der Präsident der provisorischen Nationalversammlung, der Deutschnationale Dr. Franz Dinghofer, der schweigenden, unübersehbaren Menschenmenge verkündete: »Deutsch-Österreich ist eine demokratische Republik!«
Schon die ersten Ovationen wurden in Tumulten erstickt, anstelle der neuen rot-weiß-roten Staatsfahne wurden rote Fahnenfetzen hochgezogen. Die festliche Kundgebung verlor sich in Panik und Chaos – mit tragischem Ausgang, denn es gab zwei Tote: ein Mann und ein Bub wurden zu Tode getrampelt.

Eine viertel Million Menschen, so schätzt man, soll an diesen Ereignissen vor dem Parlament teilgenommen haben – als die Soldaten der kommunistischen »Roten Garde« die österreichischen Fahnen mit Bajonetten zerrissen, Schüsse abfeuerten und eine von Angst getriebene Menschenmenge in Bewegung geriet.

> »Die drängende, flüchtende Menschenmenge hatte etwas Bedrohliches. Jeder wollte wegkommen, es war ein schreckliches Schieben und Stoßen, Schreien und Fluchen. Die Schüsse der ›Roten Garde‹ machten angst, die Menschen wurden unvorstellbar aggressiv. Ich war damals 6 Jahre alt, habe gebrüllt wie am Spieß, weil ich fürchtete, vom Vater getrennt zu werden, ihn zu verlieren. Obwohl ich ja noch klein war, habe ich diesen Tag niemals vergessen!« *(Leopold W., 80 Jahre)*

Nach Artikel 2 des vorgelegten Gesetzentwurfes sollte der neue Staat »Bestandteil der Deutschen Republik« werden; die führenden Politiker, wie etwa Renner, Seipel, vor allem Otto Bauer, zweifelten an der Lebensfähigkeit des Zwergstaates. »Das Bekenntnis zum Anschluß an Deutschland haben alle Parteien geteilt!« (Kreisky)
Durch den Friedensvertrag von Saint-Germain, der unter anderem die Abänderung des Namens »Deutsch-Österreich« in »Republik Österreich« vorschrieb sowie auch den Anschluß Österreichs an Deutschland verbot, wurden Wunschvorstellungen verdrängt, blieben allerdings latent.
Viele Wiener nahmen diesen 12. November trotz des politischen Großereignisses als einen Tag wie jeden anderen wahr, ignorierten Aufmarsch und Kundgebung, zogen es vor, zu Hause zu bleiben. Die Sorgen um Lebensmittel, die Verzweiflung bei Krankheit in der Familie, die Angst vor Not und Sterben ließen die Politik vergessen. Abseits hielt sich wohl auch so mancher Kriegsheimkehrer, auf dem der Alptraum seines Wiedersehens mit der Heimat lastete. Ein von Haß aufgestachelter Mob hatte den Offizieren die Kokarden von den Kappen, die Rangabzeichen von den Röcken gerissen und Auszeichnungen mit den Füßen getreten.
Des Wieners »Freude an einer Hetz«, im Sinne schadenfroher Ver-

spottung und Demütigung eines Unterlegenen, Schwächeren, tobte sich aus. 20 Jahre später war eine solche »Hetz« Ausdruck unmenschlicher Schadenfreude angesichts noch grausamerer Exzesse an Wehrlosen . . .

> »Mein Bruder war ein kleiner Leutnant. Wie den letzten Dreck hat man ihn behandelt. Den Leutnantstern vom Rock gerissen, den Orden, den er kurz vor Kriegsende bekommen hat, auf den Boden geworfen, und dann sind sie johlend darauf herumgetrampelt.
> Wie ein kleines Kind hat er geweint, wie er nach Hause gekommen ist. Von einer Politik hat der wirklich nichts wissen wollen!« *(Steffi S., 70 Jahre)*

An der Wiege der Ersten Republik standen drei Parteien Pate: die Sozialdemokraten als stärkste Partei, die Christlichsozialen und die Parteien des deutschnationalen Lagers, die sich 1920 zur »Großdeutschen Volkspartei« zusammenschlossen und von der ersten Stunde an ihren Platz in der Regierung zu sichern suchten.
Bei den ersten Wahlen im Februar 1919 erreichten die Sozialdemokraten nicht die absolute Mehrheit – es kam zu einer rot-schwarzen Koalitionsregierung, der damals 48jährige Sozialdemokrat Dr. Karl Renner wurde Staatskanzler. Weltanschauliche Polarität untergrub eine kreative Zusammenarbeit im Kampf gegen Hunger, Not und Arbeitslosigkeit, die Koalitionsregierung war kurzlebig. Der Koalitionsbruch führte zu Neuwahlen, es begann der bürgerliche Alleingang einer christlichsozialen, später christlichsozialen-großdeutschen Regierung. Die Sozialdemokraten gingen in Opposition. Die ideologischen Gegensätzlichkeiten förderten die Krisensituation, die während der Zwischenkriegszeit nie bewältigt werden konnte. »Die strukturelle Krise führte zur konjunkturellen Krise, die Österreich zum Armenhaus werden ließ« (Kreisky). Trotz Kooperationsbereitschaft der Sozialdemokraten änderte sich nichts am Kurs der Regierungsparteien, die Gehässigkeiten nährten Aggressionen, am 15. Juli 1927 kam es zur Eskalation – der Justizpalast brannte . . .
Die unvorstellbare Hungersnot der unmittelbaren Nachkriegszeit

und seuchenartige Krankheiten machten den Menschen das Überleben schwer. Die Aktion, die die Schweiz damals startete, erinnert an die Nachbar-in-Not-Hilfe unserer Tage. Im Dezember 1918 fuhren 38 Waggons mit 48 Tonnen Lebensmitteln in Richtung Österreich. Andere Staaten wie die Niederlande und Schweden schlossen sich der Hilfsaktion an, luden unterernährte Kinder zur Erholung ein.

Der chronische Mangel an Grundnahrungsmitteln wirkte sich in den größeren Städten, insbesondere in Wien, katastrophal aus. Der Schleichhandel begann zu blühen, man tauschte Familienschmuck und andere Wertgegenstände gegen Mehl, Zucker, Eier, Fett und Fleisch. Für einen Brillantring bekam man zwei Säcke Kartoffeln. Die verzweifelte Hausfrau, die nichts mehr zu tauschen hatte, versuchte mit phantasievollen Rezepten den Speiseplan zu erweitern, selbst die Werbung trug der schwierigen Situation Rechnung: »M.M.s feinster Tafelsenf ist ein vorzügliches Mittel, die Kost zu verbessern. Der wohlschmeckende Senf ist bei der Zubereitung von Dörrgemüse-Gerichten zu empfehlen!«

Die Waffen der Unzufriedenen waren Streiks und Demonstrationen. Tagelang gab es dann keinen Strom, kein Gas, der Zugsverkehr war lahmgelegt, die Straßenbahn eingestellt.

Man demonstrierte gegen Hunger, Teuerungen und – Arbeitslosigkeit.

> »Schon unmittelbar nach Kriegsende gab es Arbeitslose, als die Männer vom Krieg heimgekommen sind. Und das waren Tausende. Die Leute wollten Arbeit, manche hatten keinen richtigen Beruf, hatten nichts gelernt, waren Berufssoldaten.
> Die Arbeitslosigkeit blieb das große ungelöste Problem der Zwischenkriegszeit, die Politiker haben das nie in den Griff bekommen!« *(Franz W., 75 Jahre)*

Die Inflation, die bereits während des Krieges begann und Anfang der zwanziger Jahre galoppierende Ausmaße annahm, schlug neue Wunden. Tausende wurden über Nacht zu Bettlern, das Bürgertum war von unvorstellbarem Elend betroffen.

»Die Großeltern haben damals alles, ihren Besitz verloren. Der Großvater hatte eine Darmwäscherei, das war ein einträgliches Geschäft. Sie hatten Kutschen und Pferde und natürlich ein großes Haus. Der Großvater hatte Kriegsanleihen gezeichnet, dadurch war so viel futsch. Durch die vielen Aufregungen ist der Großvater an einem Schlaganfall gestorben. Die Großmutter ist mit meiner Mutter mittellos dagestanden, hat aber dann in der nahegelegenen Brauerei eine Arbeit, eine Hilfsarbeit bekommen. Der Lohn war entsprechend klein. Sie war so bescheiden, dachte vor allem an das Kind, das sie großzuziehen hatte. Ich habe die Großmutter nie klagen gehört.«

(Leopold W., 72 Jahre)

Spekulanten und »Transaktionsakrobaten« hatten zur Zeit der Inflation ihre großen Gewinne, Luftgeschäfte konnten durch geschickte Manipulation zu Geld werden. Namen wie Sigmund Bosel oder Camillo Castiglioni bringt man in Zusammenhang mit spekulativen Geschäften. Als Castiglioni über entsprechend viel Geld verfügte, ließ er das damals baufällige Theater in der Josefstadt renovieren und übergab das fertiggestellte Haus Max Reinhardt.

1922 übernahm der Theologe Dr. Ignaz Seipel die Staatsführung, er wurde zur zentralen Gestalt der politischen Szene. Dem diplomatisch ambitionierten Kirchenmann schreibt man das Verdienst zu, die österreichische Währung saniert zu haben. Seipel gelang dies durch die Aufnahme von Auslandsanleihen, die trotz harter Auflagen die Wertbeständigkeit des Schillings sichern und die wirtschaftliche Konsolidierung ermöglichen sollten.

Doch die Anleihen sanierten Österreichs Wirtschaft nicht effektiv, die Entlassung von 100 000 Beamten ließ die Arbeitslosigkeit drastisch ansteigen, und chronisches Defizit belastete weiterhin den kleinen Staat.

Zur wirtschaftlichen Schwäche kam das wachsende Mißtrauen zwischen den Großparteien, das in verbale Aggressionen ausartete und innenpolitische Kraftproben heraufbeschwor. Die Gefahr eines Bürgerkrieges wuchs. Kompromißlosigkeit baute unsichtbare Wälle

zwischen den ideologischen Fronten, schuf den Nährboden für Radikalismus. Die blutigen Ereignisse beim Brand des Justizpalastes waren bereits ein Signal einer gefährdeten Demokratie.
Seipel hat später in der Zeit der großen Krisen eine sicherlich beachtenswerte Initiative gesetzt, als er 1931 den Sozialdemokraten eine Koalition anbot. Es kam aber zu keiner Einigung, und es gab auch keine Chancen mehr für eine große Koalition, wodurch Österreich schon durch die Möglichkeit eines gemeinsamen Widerstandes gegen den Nationalsozialismus eine andere Entwicklung genommen hätte.
»Der Nationalsozialismus war . . . eine österreichische Idee und wurde nicht von Hitler und nicht von Deutschland erfunden« (H. Andics). Den historischen Hintergrund bildete bekanntlich die »alldeutsche Idee« Georg von Schönerers, die der Reichsratsabgeordnete in den achtziger Jahren des vorigen Jahrhunderts, verbunden mit antisemitischen Parolen, propagiert hatte.
1903 war die Deutsche Arbeiterpartei gegründet worden, die sich 1918 in Deutsche Nationalsozialistische Arbeiterpartei umbenannte. Dem Bündnis der deutschnationalen Parteien schlossen sich die Nationalsozialisten nicht an. Während sich die Großdeutschen als Mittelstands- und Beamtenpartei etablierten, gelang es den österreichischen Nationalsozialisten unter der Führung von Walter Riehl zunächst nicht, nennenswerte Stimmengewinne zu verbuchen. Das änderte sich gegen Ende der zwanziger Jahre, als die NSDAP in Deutschland zur Massenpartei wurde und sich die österreichischen Nationalsozialisten der »Hitler-Bewegung« vollständig anschlossen. Als Hitler 1933 in Deutschland an die Macht kam, verloren auch die Großdeutschen mehr und mehr ihre selbständige Politik, um sich als »Vasallen Hitlers« unterzuordnen.
Schon in den frühen zwanziger Jahren wurde die »Politik der Straße« zum vordergründigen Instrumentarium ideologischer Feindseligkeiten; gehörten Straßenschlachten und Demonstrationen allmählich zum Alltag.

> »Die ›Roten‹ und die ›Hakenkreuzler‹ haben sich gegenseitig blutig geschlagen: Irgendwo in Österreich gab es nahezu täg-

> lich solche Kämpfe. Am Land haben solche Streitigkeiten oft im Wirtshaus begonnen! Man hat sich bespuckt, dann gerauft, bis das Blut geronnen ist. Die Verwandten meiner Mutter haben in der Nähe von Wiener Neustadt gewohnt. In dem Dorf hat jeder jeden gekannt. Was glauben Sie, wie sich das ausgewirkt hat! Der Onkel war Arzt. Der ist oft genug in der Nacht geholt worden . . .« *(Grete H., 72 Jahre)*

Wien wurde zur Bastion der Sozialdemokraten, war die erste Millionenstadt Europas mit einer sozialistischen Verwaltung.
Eine weltweit faszinierende Sozialpolitik wirkte sich reformierend aus, schuf Grundlagen für die Sozialgesetze unserer Zeit.
1919 gab es in Wien etwa 130 000 Arbeitslose; der damalige Staatssekretär für soziale Verwaltung, Ferdinand Hanusch, setzte eine staatliche Arbeitslosenunterstützung durch, wobei die Höhe der Unterstützung nach Tagsätzen festgelegt wurde.
Ebenso sorgte der Wiener Finanzstadtrat Hugo Breitner für Aufsehen und Hilfe. Nach dem Prinzip: »Die's habn, solln zahln!« schrieb er Steuern vor, die vor allem die Neureichen, die Schieber und Kriegsgewinnler treffen sollten, die in teuren Etablissements und Nachtlokalen ihr rasch verdientes Geld verpraßten. Er führte nicht nur die Luxussteuer ein, sondern auch die »Hauspersonalabgabe«, die Haushalte mit mehr als einem »dienstbaren Geist« zu leisten hatten. Bald kursierte das geflügelte Wort: »Ich bitt Sie, ich kann mir den Breitner nicht leisten!« Die Steuereinnahmen ermöglichten die Errichtung von Kindergärten und -heimen ebenso wie die Betreuung der Ärmsten.
Wiens Stadtväter konzipierten ein attraktives Schwerpunktprogramm, das unter anderem das Schulwesen, das Jugend- und Fürsorgewesen betraf. So war zum Beispiel die Ausgabe von Wäschepaketen an bedürftige Wiener Wöchnerinnen eine völlig neue und beispielgebende Maßnahme, die noch heute als Geschenk der Stadt Wien an Wiener Mütter nach der Geburt ihres Kindes gang und gäbe ist.
Der Soziale Wohnbau – die Errichtung von weitläufigen Wohn-

Großanlagen inmitten von Grünflächen – sollte nicht nur die seit Jahren bedrückende Wohnungsnot lindern (in einem Zeitraum von 10 Jahren konnten 60 000 Wohnungen bezogen werden), er wurde auch zum Symbol des »Roten Wien«.
Nach dem Rücktritt des ersten sozialdemokratischen Bürgermeisters, Jakob Reumann, der aus Gesundheitsgründen sein Amt zurücklegte, wurde Karl Seitz 1923 Bürgermeister von Wien.
Seitz' prophetische Worte, daß »die Steine [der Wohnhäuser] noch für uns sprechen werden, wenn wir nicht mehr sind«, haben sich trotz der Zerstörungen während des Zweiten Weltkriegs bewahrheitet. Die Wohnhausanlagen der zwanziger und dreißiger Jahre werden heute von Architekten aus aller Welt als Vorbild ausgewertet.
Die aktive Politik, die Karl Seitz verfolgte, prägte das »Neue Wien«.
Die Bautätigkeit im Bereich des öffentlichen Verkehrs oder der Bau des Stadions im Wiener Prater beweisen das Bemühen im Kampf gegen die Arbeitslosigkeit.
In der Ära Seitz konnte das Leid der ersten Nachkriegszeit überwunden werden, die Stadt begann sich zu regenerieren.
Als Karl Seitz – im Zusammenhang mit den Februar-Ereignissen 1934 – als Bürgermeister abgesetzt wurde, mußte man ihn aus seinem Zimmer im Rathaus mit Gewalt hinaustragen. Dabei soll er geschrien haben: »Das Volk von Wien hat mich hier eingesetzt, und nur das Volk von Wien kann mich hier vertreiben!«
Karl Seitz ging in Haft. Die Ära des »Roten Wien« war zu Ende.

> »Was Seitz geleistet hat, gelang kaum einem anderen. Allein die vielen Gemeindebauten, die den anderen ein Dorn im Aug' waren, haben vielen Menschen geholfen. Im vierunddreißiger Jahr haben s' gesagt, jetzt beweisen's die Roten, daß die großen Wohnanlagen eigentlich ›Wehrburgen‹ waren, was ja gar nicht gestimmt hat.
> Wer kann sich das heute schon vorstellen, wie die Menschen damals leben mußten? In einer Zimmer-Kuchl-Wohnung zusammengepfercht. Man mußte ins Tröpferlbad gehen, man mußte das Klosett mit anderen teilen. Dann konnte man die

> neuen, modernen Wohnungen beziehen, in denen es Bad und Toilette innen gab – und das war ein unvorstellbares Glücksgefühl!« *(Kathi S., 75 Jahre)*

Spätere Generationen haben das Jahrzehnt nach dem Krieg als die verrückten Zwanziger Jahre bezeichnet, und es war tatsächlich sehr viel »ver-rückt«: Gesellschaftsschichten, materielle Bewertungen, Mode und Moral.

Man wollte leben und genießen, nach Möglichkeit in vollen Zügen. Der Nachholbedarf war groß. Man tanzte Shimmy und Charleston beim Fünf-Uhr-Tee beim Hübner in Hietzing oder im Kursalon, ebenso in der Tanzschule oder in Tanzvereinigungen. Es war die Zeit des Gigolo, des Eintänzers, des geschniegelten Kavaliers der alten Schule, der seine leere Kasse als Tanzpartner einsamer Damen aufbessern konnte.

Die Mode veränderte sich. Die Kleidung der Dame wurde ebenso kurz wie der Haarschnitt. Die modebewußte Dame trug Pagenkopf oder Herrenschnitt . . .

Die zwar verarmte, aber doch existente »Gesellschaft« interessierte sich wieder für das Derby in der Freudenau und die (ersten) Damen-Autorennen im Prater.

> »51 Wagen am Start! Mehr als 100 000 Zuschauer. Frau Dr. Frühwald fährt auf Gräf & Stift-Sechszylinder die beste Zeit! Kein Unfall.« *(Neues Wiener Tagblatt, 1921)*

Inserate empfahlen das Grammophon als Freund des Hauses. Auf Trichterapparaten oder Salonschränken konnte man modernste Aufnahmen spielen. Man offerierte Volkslieder und Schlager der Zeit. Hermann Leopoldis »Am besten hat's ein Fixangestellter« zählte zu den Hits einer Generation.

Der Film eroberte die Welt, österreichische Schauspieler und Regisseure begannen in Wien ihre Weltkarriere. Der berühmte österreichische Filmpionier Sascha Graf Kolowrat produzierte nach amerikanischem Vorbild die Großfilme »Sodom und Gomorrha« und »Die Sklavenkönigin«. Regisseur war der blutjunge, talentierte Mihaly Kertész, der dann als Michael Curtiz Hollywood-Karriere machte.

Eineinhalb Jahre lang drehte man »Sodom und Gomorrha«, wofür auch Tausende Statisten gebraucht wurden. Vielen Arbeitslosen kam das rasch verdiente Geld zugute.
Der Einfluß Amerikas wurde nicht nur kulturell fühlbar. Der »amerikanische Traum« vom raschen Aufstieg zum Millionär reizte Tausende, in das Land der unbegrenzten Möglichkeiten auszuwandern. Erwähnenswert erscheint ein Film, der 1925 in der Urania lief und zu dem das »Neuigkeits-Weltblatt« schrieb: »Es wird ein Film gezeigt, der den Titel ›Fahrt in den Weltraum‹ führt . . . eine Reise in das Land der Phantasie: ein Raumschiff, das imstande ist, der Schwerkraft zu trotzen . . . und mit Lichtgeschwindigkeit Planeten und ferne Nebel, die Milchstraße besucht. Die Begegnungen im Raumschiff bei aufgehobener Schwere . . . dann die Sprungversuche bei der Landung auf dem Mond . . . geben ebenso interessante wie phantastische Bilder . . .« Der Besucher kommentierte skeptisch: »Ein phantastisches Hirngespinst, das niemals Wirklichkeit werden kann!«

Die Erste Republik war eine Zeit der Aufmärsche, Versammlungen, Demonstrationen, alle ideologischen Gruppierungen wollten durch Präsenz auf der Straße ihre Macht und Stärke beweisen.

Seite 10: Am 1. Mai 1932. Photo: Rudolf Spiegel

Links oben: Der Tag, an dem die Republik ausgerufen wurde. Eine geschätzte viertel Million Menschen war bei der Kundgebung vor dem Parlament am 12. November 1918 dabei.

Links unten: Dr. Karl Renner, der »realistisch denkende Sozialdemokrat«, wurde Staatskanzler und Regierungschef des neuen Staates.

Oben: Blick in die Kärntner Straße am Tag der ersten Nationalratswahl im Februar 1919

Oben: Arbeitslosigkeit war das große, unlösbare Problem der Ersten Republik, in den ersten Jahren kam es immer wieder zu Hungerunruhen.

Arbeitslosendemonstration auf der Ringstraße im April 1925

Links: Die junge Republik wurde schon bald auf die Probe gestellt. Bei den kommunistischen Unruhen am 15. Juni 1919 gab es 13 Tote und 80 Schwerverletzte
Photo: Josef Perscheid

Oben: Der Unwille des Volkes äußerte sich in Demonstrationen. Es verging kaum ein Tag, an dem nicht demonstriert wurde, Anlaß gab es immer: die Hungersnot, die Arbeitslosigkeit, die Inflation. Photo: Rudolf Spiegel, 1933

Unten: Städtischer Leichenwagen vor einem Haus. Die Arbeitslosigkeit erreichte kurz nach dem Krieg einen ersten Höhepunkt und kulminierte in den dreißiger Jahren. Armut und soziale Not trieben viele in den Freitod, für 1933 verzeichnete die Statistik allein für Wien 1.157 Selbstmorde. Photo: Rudolf Spiegel, 1931

Festlichkeiten mit kulturellem Engagement und politischer Transparenz: Die Enthüllung des Lueger-Denkmals 1926 war eine Hommage an den Bürgermeister von Wien. Das Bild zeigt das Festtagskomitee, darunter Viktor Kienböck, Josef Resch, Kardinal Piffl, Leopold Kunschak, Carl Vaugoin, Jodok Fink, Johannes Schober, Anton Rintelen. Photo: Lothar Rübelt

Das »10. Deutsche Sängerbundfest«, das 1928 in Wien stattfand, sollte die »kulturelle deutsche Zusammengehörigkeit« aufzeigen. Bundeskanzler Seipel, der die Festrede hielt, bekannte sich in seinen Ausführungen zu einem »Anschluß an Deutschland«. Die Bilder zeigen Gäste aus Berlin, Koblenz und San Franzisko. Photos: Lothar Rübelt

RP-12176

Großer Pacific Sgbd.
San Franzisko

An der Arbeiter-Olympiade 1931 nahmen rund 25.000 Sportler aus 27 Ländern teil, Höhepunkte waren ein Massenturnen auf dem Trabrennplatz und ein Festspiel im neueröffneten Stadion.

Oben: Mädchengruppe beim Vorbeimarsch am Parlament. Photo: Lothar Rübelt

Rechts: Schauturnen im Prater vor der Rotunde, die 1937 abbrannte. Photo: Albert Hilscher

Während des »Allgemeinen Deutschen Katholikentages« und der Türkenbefreiungsfeiern im September 1933 wurde Wien vier Tage lang Schauplatz zahlloser Aufmärsche und Großveranstaltungen. Bei einer Kundgebung auf dem Trabrennplatz verkündete Bundeskanzler Dollfuß die Errichtung eines autoritären Ständestaates (»den christlichen Staat auf ständischer Grundlage unter starker autoritärer Führung«).

Oben: Aufmarsch des niederen Klerus. Photo: Rudolf Spiegel

Links: Die katholische Jugend marschiert.

Oben: Delegation aus Tirol beim Katholikentag. Photo: Rudolf Spiegel, 1933

Links: Das Internationale Pfadfindertreffen in Baden im Juli 1931 hatte noch das Flair weltweiter Verständigung. Bundeskanzler Miklas informierte sich als Gastgeber bei den verschiedenen Teilnehmern. Photo: Albert Hilscher

Oben: Nur zögernd setzte sich die Benützung eines »Automobils« durch, es blieb jahrelang das Fahrzeug der Privilegierten.

Unten: Trotzdem begann man sich den Erfordernissen der Zeit anzupassen. Auf dem Bild der erste Kreisverkehr in Wien, auf dem Michaelerplatz. Photos: Lothar Rübelt

Oben: Die Lokalbahn, die seit Anfang unseres Jahrhunderts elektrifiziert zwischen Wien und Baden verkehrte, wurde von Wienern und Gästen aus dem Ausland gerne benutzt. Die Wagen waren komfortabel ausgestattet und hatten sogar ein Buffet in einem Abteil integriert. Photo: Albert Hilscher, 1932

Links: Autobusse kamen vor allem im 1. Bezirk, wo die Verlegung von Straßenbahnschienen unmöglich war, zum Einsatz. Auf dem Bild der legendäre Autobus »W IV O« mit dem Mitteleinstieg auf dem Stephansplatz. Photo: Lothar Rübelt

Oben: Taxistandplatz auf dem Stephansplatz. Seit 1926 gab es bei den Taxistandplätzen »Autorufsäulen«, über die man per Telefon ein Taxi bestellen konnte. Photo: Rudolf Spiegel, 1932

Rechts: Die erste Verkehrsampel wurde 1926 an der Kreuzung Kärntner Straße–Ringstraße in Probebetrieb genommen. Photo: Rudolf Spiegel, 1931

Oben: Pferde blieben noch lange wesentlicher Bestandteil des Straßenbildes. Photo: Rudolf Spiegel, 1932

Links: Die Straßenbahn – in Wien öffentliches Beförderungsmittel Nummer eins. Photo: Rudolf Spiegel, 1933

Bis in die Zwischenkriegszeit dominierte das Pferdefuhrwerk als Lastentransportmittel, verbindendes Symbol zwischen Stadt und Land. Die einspännigen, kleineren Wägelchen nannten die Wiener »Cabs« – Die »Cabs-Kutscher« hatten den legendären Ruf, das Wienerische in allen seinen Facetten zu beherrschen.
Photo: Rudolf Spiegel

Frauenarbeit wurde weit unter dem Wert der Leistung bezahlt. Ob in einer Autoreparaturwerkstätte oder am Fließband – hier in der Tabakfabrik Ottakring – oder in den Weinbergen: Frauen arbeiteten meist als Hilfskräfte. Photos: Fritz Zvacek

Der Einsatz in einer Großküche blieb eine weibliche Domäne. Der Arbeitsbesprechung über Speisezettelgestaltung, den Möglichkeiten der Zeit angepaßt, folgte die praktische Durchführung. Hunderte von Zwetschkenknödel wurden von Frauenhänden gedreht, ebenso war in der Großküche die »Frau am Herd« etwas Selbstverständliches. Photos: Fritz Zvacek

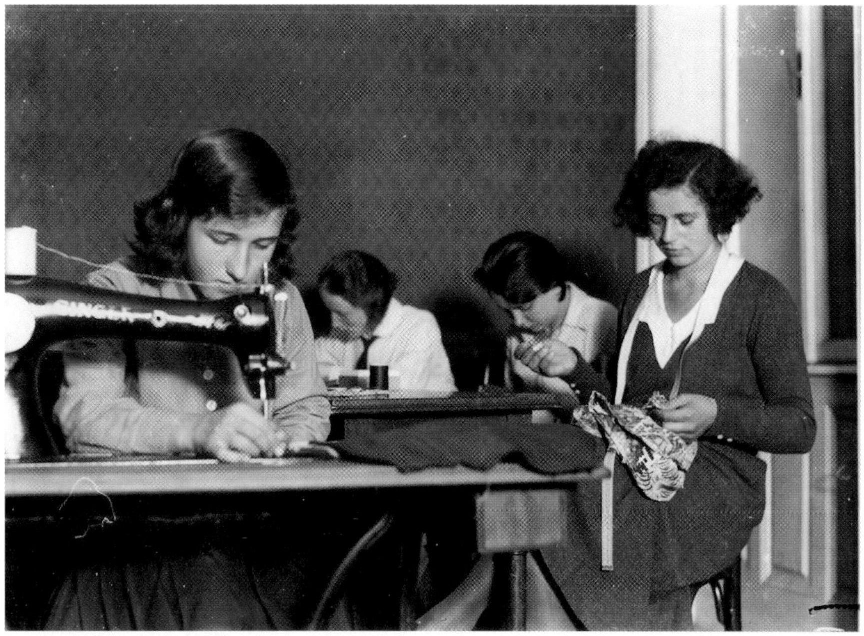

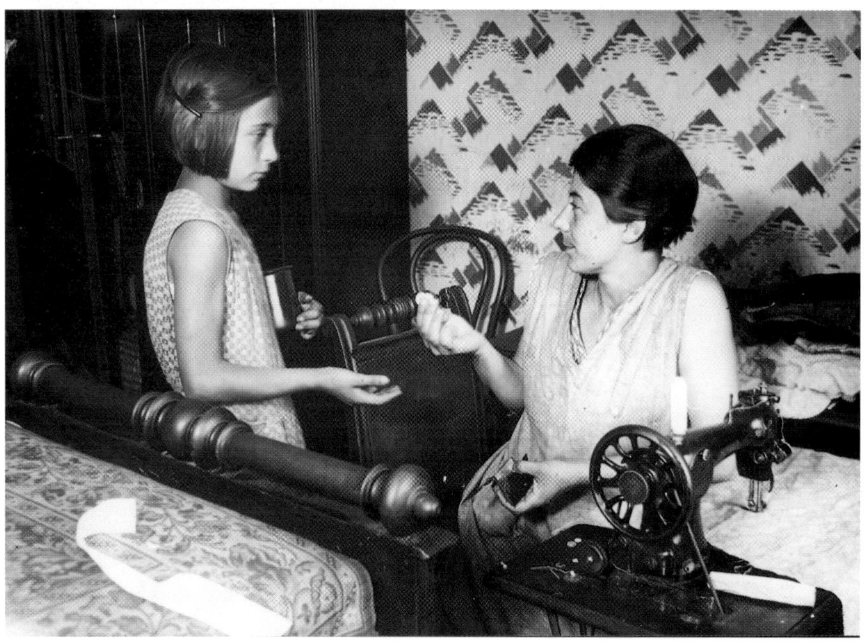

Heimarbeit brachte nur einen bescheidenen Verdienst, half aber über die schlimmsten finanziellen Klippen hinweg. Oft saßen die Frauen bis spät in der Nacht an ihrer Arbeit, um ein paar Schilling zu bekommen. Photos: Fritz Zvacek

Rechts: Hausierende Frauen waren erfinderisch in ihren Angeboten: auf dem Bild »Drahtwaschel zu verkaufen« – eine aus Drahtfäden bestehende Abwaschhilfe bei schwer zu reinigendem Geschirr. Photo: Rudolf Spiegel

Oben: Die kleinen Handwerksbetriebe mit ihrer vorindustriellen Arbeitsweise litten besonders unter der Rezession und Inflation und der wachsenden Konkurrenz durch die Großbetriebe. Photos: Fritz Zvacek

Rechts: Die Bauwirtschaft erlitt den größten Rückschlag unter allen Industriezweigen. 1933 betrug ihr Volumen nur ein Drittel des Vorkriegsstandes. Photos: Rudolf Spiegel

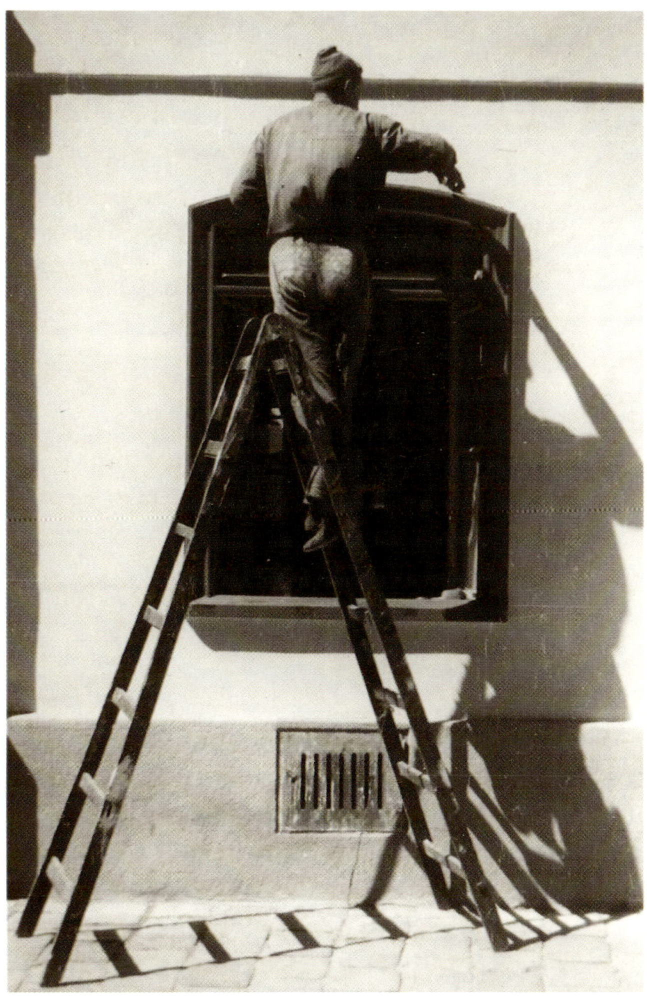

Die Sozialgesetze des Ferdinand Hanusch brachten den Arbeitern wesentliche Verbesserungen. Der Achtstundentag wurde eingeführt, für Bäckereien und Heimarbeiter gab es Schutzgesetze, für fleischverarbeitende Betriebe wurde ein Nachtarbeitsverbot erlassen.
Photos: Fritz Zvacek

Facharbeiter hatten manchmal das Glück, vom Schicksal der Arbeitslosigkeit nicht eingeholt zu werden. In mittleren Betrieben hatten sogar Lehrlinge die Chance einer Ausbildung. Photos: Fritz Zvacek

Umtausch-
stelle
Oberösterreichischen
Dollaranleihen

Viele lebten von mühsam verdienten »Kreuzerlgeschäften«, die täglichen Einsatz abverlangten. Das galt für den Maronibrater ebenso wie für den Werkelmann oder die Zeitungsausträgerin. Holzhacken bezahlte man gerne »in Naturalien« – als Entgelt gab es ein sättigendes Essen. Photo links oben: Fritz Zvacek; alle anderen: Rudolf Spiegel

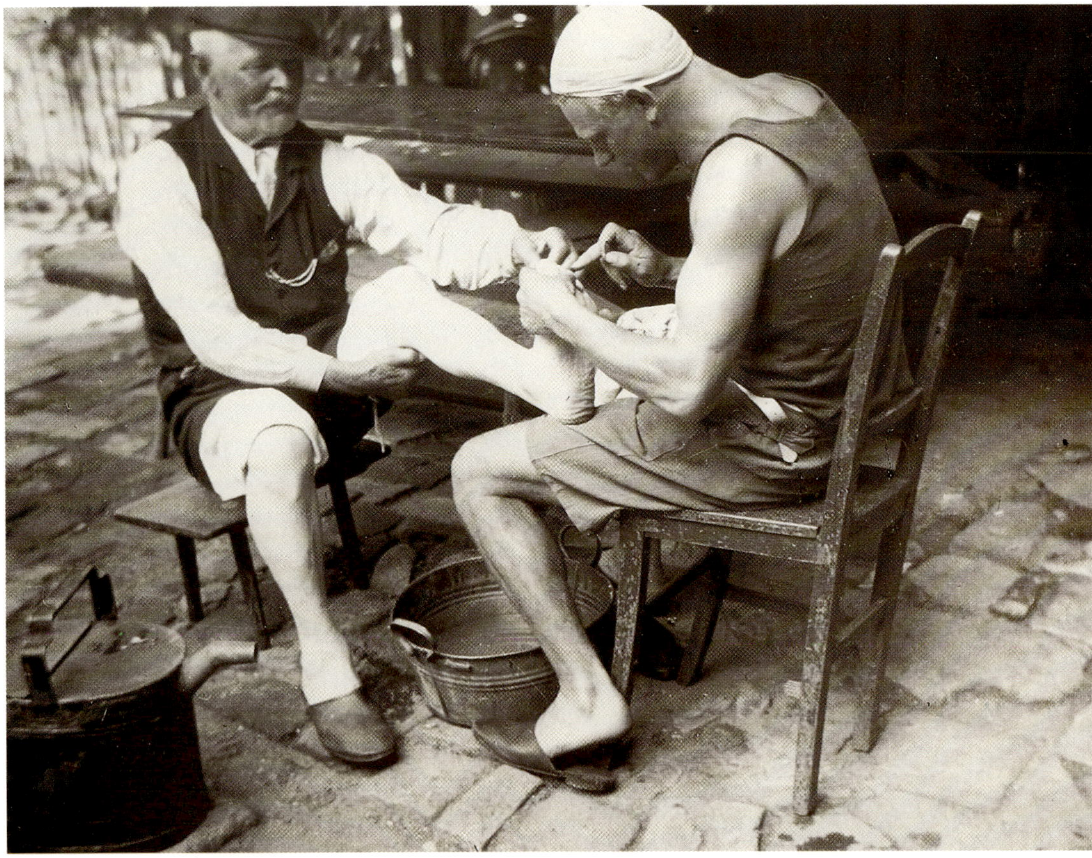

Oben: Pediküre im Freien! Kein besonders einträgliches Geschäft, meist eher ein »Freundschaftsdienst«. Photo: Rudolf Spiegel

Unten: Der »Bettlerautomat«, der auf Knopfdruck ein Almosen auswarf, sollte die Belästigung durch Bettler einschränken. Photo: Lothar Rübelt, 1927

Arbeitslose mußten jede Chance eines kleinen Verdienstes ergreifen. Hier stellen sie sich an, um als Frisurenmodelle zu dienen. Photo: Fritz Zvacek

Wienerinnen beim Beobachten des Straßengeschehens.
Photo: Rudolf Spiegel

Viele Arbeitslose zogen als Straßenmusikanten von Haus zu Haus. Photo: Rudolf Spiegel

CAPRI

Oben: Der Postler, dem man die Erschöpfung ansieht, hat nur einen Wunsch: bei einem Krügerl Bier auszuruhen. Photo: Albert Hilscher, 1933

Unten: Im Sommer wurden in den Straßenbahnen die Fenster auf einer Wagenseite aus den Holzrahmen genommen und durch Planen ersetzt.
Photo: Rudolf Spiegel, 1932

Links: Rast beim Donnerbrunnen. Photo: Rudolf Spiegel, 1935

Links: Informationsquelle Nr. 1, die Zeitung. Im »Beserlpark« konnte »Mann« unter sich die Neuigkeiten lesen und besprechen.
Photo: Rudolf Spiegel

Oben: Die Bassena – einstmals die aufschlußreiche Möglichkeit für Frauen, Neuigkeiten aus der Nachbarschaft unter sich auszutauschen.
Photo: Rudolf Spiegel

Rechts: Beim Einkaufen, sogar nach dem Kirchgang, bot sich oft genug die Möglichkeit, »Leut' auszurichten«! Photo: Fritz Zvacek

Straßenplakat für das »Studenten Freikorps«. Photo: Rudolf Spiegel, 1932

Rechts: Plakatankleber bei einer Arbeitspause. Photo: Rudolf Spiegel, 1931

2 klassige und 1 jährige Mädchen-
und für die Kontor- u. Kanzleipraxis
Wien. IX. Hörlgasse 12
Beginn: 17. September
Ernst Deutsch
MATURA
FREIES LYZEUM
Wanzen samt Brut
Verinol
D'BRAUN
Musikschule Weißhappel
Die neuen Herbst-Moden sind da!
Zwieback
Kärntnerstrasse
MUSIKSCHULEN
GEIGERSCHULE
Mäurer
Weihburggasse 8
Fred Erdsteins
Musikschulen
Zweiklassige Privat
HANDELSSCHULE
1. INTERNATIONALE
MASS
SCHUH
AUSSTELLUNG
15.–27. SEPT. 1931
TANZ-KURSE
ARBEITER-BILDUNGS-VEREINES ALSERGRUND
Beginn: 6. September 1931
WIPAG

DAS ROTE WIEN
FAHRRÄDER
NÄHMASCHINEN
RADIO-&
ELEKTROMATERIAL
FRANZ
MAJAREK
MECHANIKER
LEYSTRASSE 23
HIER IM HAUSE
LADESTATION
REPARATUREN

Im Rahmen des Wohnbauprogramms des »Roten Wien« entstanden zwischen 1924 und 1934 über 60.000 Wohnungen. Das Bild oben zeigt die Eröffnung des Gemeindebaues am Engelsplatz 1933.
Photos: Albert Hilscher

Oben: Das neue »Volkstelefon« – pro Haus wurde ein gemeinsamer Telefonapparat mit Münzeinwurf installiert, ein Gespräch kostete 10 Groschen. Photo: Albert Hilscher, 1932

Ein besonderes Anliegen der sozialdemokratischen Kommunalpolitik war das Kultur- und Bildungswesen. Es wurden Volkshochschulen und Arbeiterbibliotheken eingerichtet, Arbeitergesangsvereine gegründet, Arbeitersymphoniekonzerte aufgeführt. Photo: Albert Hilscher

Rechtsanwalt
Dr. Alfred Hecht
„Geist siegt über Gewalt"
6
FLEISCHHAUER JOS

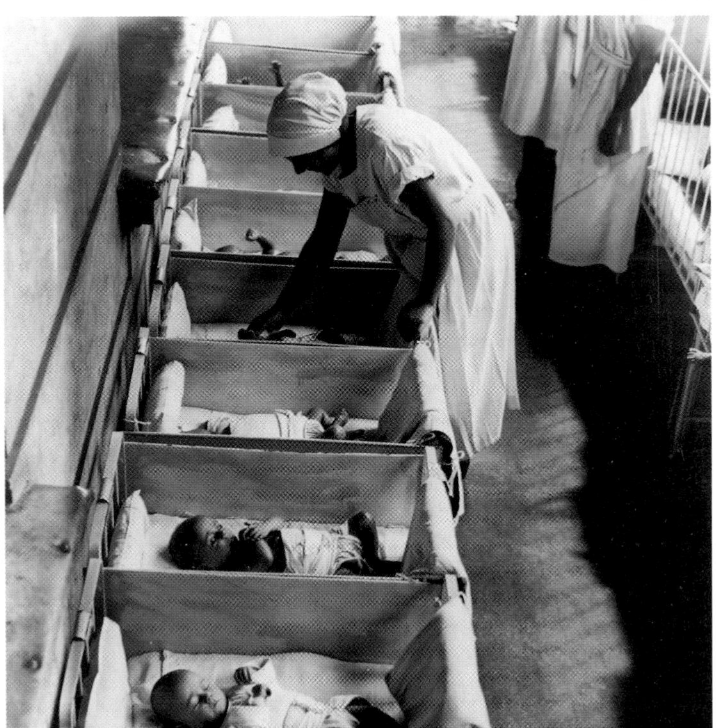

Oben: Die Schulreform von Otto Glöckel zielte auf eine »Demokratisierung der Schule«, die Kinder sollten den Unterricht aktiv mitgestalten und so zu größerer Selbständigkeit und Eigenverantwortung erzogen werden. Photo: Albert Hilscher

Links: Neugeborene im Zentralkinderheim Gersthof. Photo: Albert Hilscher, 1933

In Wien wurden 15 Zahnkliniken eingerichtet, wo Kinder umsonst ihre Zähne kontrollieren lassen konnten. Hygieneunterricht war ein Pflichtgegenstand in den Schulen, hier stand auch richtiges Zähneputzen am Lehrplan.
Photos: Albert Hilscher

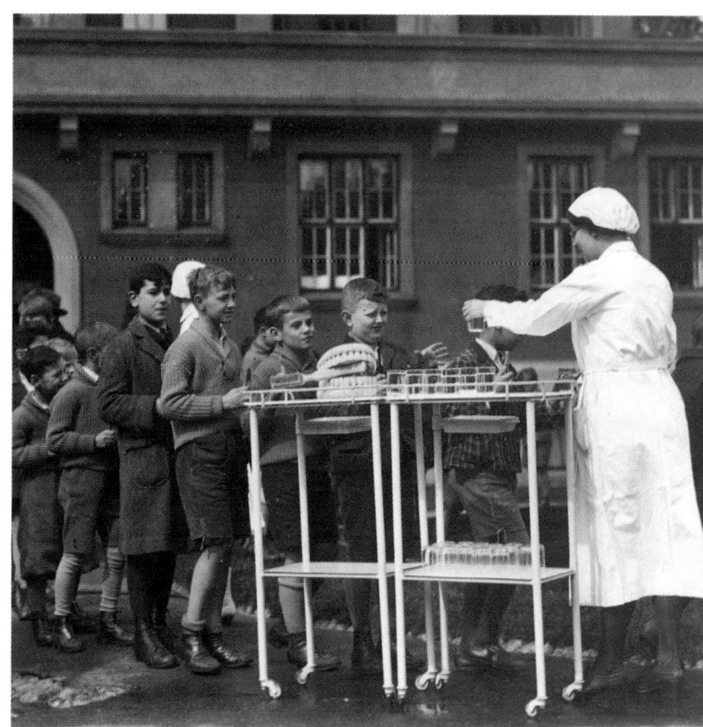

Die »Feiern zum 1. Mai« demonstrierten an dem traditionellen Festtag der Arbeiterbewegung die Macht der Masse. Die sozialpolitischen Parolen richteten sich gegen Arbeitslosigkeit, Inflation und den Faschismus.

Oben und rechts: Anmarsch aus den Bezirken. Photos: Rudolf Spiegel, 1932

Viele Teilnehmer am Maiaufmarsch mußten einen weiten Weg auf sich nehmen, um zum Versammlungsort in der Inneren Stadt zu gelangen.
Photos: Rudolf Spiegel, 1932

Oben: Am Vorabend der 1.-Mai-Feiern fand traditionsgemäß ein Fackelzug des Republikanischen Schutzbundes statt.

Rechts: Sozialdemokratische Funktionäre ziehen vorbei. Photo: Rudolf Spiegel, 1932

In das bunte Bild der Marschierenden gehörten die Straßenbahner ebenso wie die mit Kreppapier geschmückten Räder und die »Roten Falken«, samt eigenen Formationen der Mädchen.
Photos: Rudolf Spiegel, 1932

PARFUMERIE
Zum Zuckeronkel

Oben: Bürgermeister Karl Seitz, Mitgestalter des »Roten Wien«. Photo: Fritz Zvacek

Links: Höhepunkt und Ausklang des Maiaufmarsches: Treffen und Festrede vor dem Rathaus. Photo: Rudolf Spiegel

Teilnehmer am Rand des Maiaufmarsches: Wiener
Dienstmann und Hausfrau. Photos: Rudolf Spiegel, 1932

Wiener Typen. Photo links: Rudolf Spiegel, 1933; Photo rechts: Fritz Zvacek, 1938

Oben: Die Straßenbahnen nahmen am 1. Mai erst ab Mittag den Betrieb auf, die ersten Garnituren waren festlich geschmückt.

Rechts: Am Nachmittag des 1. Mai fuhren die Wiener gerne in den Wienerwald, um den Tag im Grünen ausklingen zu lassen. Photos: Rudolf Spiegel

Die Jahre der Krisen

Das beginnende neue Jahrzehnt ließ keine hoffnungsvollen Prognosen zu. Die von Amerika ausgehende Wirtschaftskrise, durch den New Yorker Börsenkrach im Oktober 1929 heraufbeschworen, wurde zu einem weltweiten Problem, löste Rückschläge und Depression aus. Auch Österreich war involviert – mit Wirtschaftsflauten, Insolvenzen und einem sprunghaften Ansteigen der Arbeitslosenrate.
Der Zusammenbruch der Österreichischen Creditanstalt im Mai 1931 gefährdete den europäischen Geldmarkt und forderte innenpolitische wirtschaftliche Konsequenzen, die jahrelang spürbar blieben. Um die Sanierung der Bank um jeden Preis zu erreichen, wurden vor allem die säumigen Steuerzahler zur Kasse gebeten; die in vielen Fällen auf Exekutionsweg eingetriebenen Gelder summierten sich zu 1,5 Milliarden Schilling. Trotzdem blieb der Regierung ein Bittgang um ausländische Finanzhilfe nicht erspart.
Die wirtschaftliche Notsituation traf unzählige Mittel- und Kleinbetriebe, Konkursanmeldungen waren an der Tagesordnung. Die verlorene Lebenssicherheit der Kleinbürger machte so manchen anfällig für die Parolen der Nationalsozialisten.

> ». . . dem Vater hab'n s' alles wegg'nommen, bis auf 's letzte Sacktüchel! A G'schäft mit Bett- und Tischwäsche und Vorhäng' is halt damals net gut gangen. Deshalb sind wir auch mit der Steuer net auf gleich kommen. Jetzt war alles weg. Die Mutter is Wäsch' waschen gangen, der Vater is apathisch in der Küch' g'sessn! Das hast verkraften müssen . . .!«
>
> *(Peter Sch., 73 Jahre)*

Als der parteilose Dr. Johannes Schober 1929 Bundeskanzler wurde, löste seine Berufung vor allem in Wirtschaftskreisen allgemeine Erleichterung und Zufriedenheit sowie Sympathien im Ausland aus.
Schober, der in sein Kabinett auch außerparlamentarische Persönlichkeiten berief – unter anderen den späteren Wiener Erzbischof, Univ.-Prof. Dr. Theodor Innitzer –, wollte in seiner Führungsposition »Freund aller Gruppierungen« sein.

Schobers Rolle bei den Ereignissen des Justizpalastbrandes war allerdings nicht vergessen: In seiner damaligen Funktion als Wiener Polizeipräsident hatte er die Order gegeben, auf die Demonstranten zu schießen, und diese Weisung viel zu spät revidiert.
Schober galt als Bundeskanzler der Kompromisse und der Entradikalisierungspolitik. Er bemühte sich um ein Arrangement mit den Sozialdemokraten, suchte vertiefte Verständigung mit der Heimwehr. Eine neue Verfassung mit autoritären Maximen lehnte er ab. In die Ära Schober fällt der Bau der Großglockner-Hochalpenstraße, der einen bescheidenen wirtschaftlichen Aufstieg mit sich brachte. Die von Dipl.-Ing. Franz F. Wallack projektierte Alpinstraße, die bei einer Länge von 47,8 km bis zum Fuscher Törl und durch eine 8,7 km lange Gletscherstraße bis zur Edelweißspitze heranführte, faszinierte europaweit und wertete das Image Österreichs nach außen hin auf.
Die innenpolitische Landschaft blieb weiterhin unausgeglichen und war vom Zusammenprall weltanschaulicher Gegensätzlichkeiten geprägt. Die immer größer werdende Gefahr des Nationalsozialismus ging im verbitterten Kampf zwischen »Schwarz« und »Rot« – zwischen Heimwehr und Republikanischem Schutzbund – unter; aber die beginnenden Terroraktionen der Nazis steigerten Angst und Unsicherheit unter der Bevölkerung.
Die aus einer paramilitärischen Organisation der ersten Nachkriegszeit hervorgegangene Heimwehr stellte bereits nach dem tragischen Ereignis des Justizpalastbrandes Machtansprüche. Der christlichsoziale Abgeordnete Leopold Kunschak, Begründer der christlichen Arbeiterbewegung, stellte 1929 fest: »Die Heimwehr nimmt eine Entwicklung, die sie als Gefahr des parlamentarischen Systems erscheinen läßt.«
Als Ernst Rüdiger Fürst Starhemberg im September 1930 Bundesführer der Heimwehren wurde, bemühte er sich um eine Annäherung an die Christlichsoziale Partei. Zu diesem Zeitpunkt gründete der nachmalige Bundeskanzler Dr. Kurt Schuschnigg die »Ostmärkischen Sturmscharen« als militärische Gliederung der Christlichsozialen.

Starhembergs Konzept war ein Bekenntnis zu einem auf Österreich zugeschnittenen Faschismus, eine Kampfansage gegen den Parlamentarismus – manifestiert im »Korneuburger Eid« vom 18. Mai 1930.
Für den fanatischen Heimwehrführer waren der Republikanische Schutzbund und die Sozialdemokraten überhaupt im wahrsten Sinn ein »rotes Tuch« – der bereits 1929 geäußerte Wunsch, durch einen »Marsch auf das Rote Wien« (ähnlich Mussolinis »Marsch auf Rom«) die Machtbasis der Sozialisten zu brechen, blieb bis auf weiteres eine unrealistische Zielvorstellung.
Es waren vor allem die eskalierenden Aktionen der Heimwehr, die provokativen Aufmärsche und Störaktionen bei sozialdemokratischen Veranstaltungen, die bei der Bevölkerung Feindbilder aufbauten, die Andersgesinnte verunsicherten. Wie aber konnte man Angst und Antipathie besser kompensieren als durch diskriminierenden Spott? Man frotzelte die »Hahnenschwänzler« und belächelte hämisch die »Fünf-Schilling-Mandl«, denn es war längst bekannt, daß kurz vor Kundgebungen Teilnehmer angeworben wurden, denen man dafür fünf Schilling bezahlte – ob aus Starhembergs reich gefüllten Kassen oder aus Geldern italienischer Sponsoren blieb dahingestellt.
Der Brand des Justizpalastes hatte die Weichen für einen neuen Regierungskurs gestellt, in dem ein demokratisches System keinen Platz mehr hatte und die Bedeutung des Parlaments verlorenging, für einen autoritären Kurs, den die Christlichsozialen anstrebten und, gestärkt durch den wachsenden Einfluß Starhembergs und seines Kreises, auch erreichten.
Den Sozialisten bedeutete der berüchtigte 15. Juli 1927 eine erschütternde Niederlage, die sie in die Defensive drängte. Weder der Aufstieg der Heimwehren noch die Etablierung der Nationalsozialisten konnte verhindert werden. ». . . das war der Moment, in dem sich das österreichische Bürgertum Mussolini auslieferte, auch das jüdische Bürgertum, da die italienischen Faschisten damals nicht judenfeindlich waren. Sie haben geglaubt, der italienische und der österreichische Faschismus wird sie vor dem Nationalsozialismus

schützen. Das hat wiederum einen neuen Antisemitismus in der Arbeiterbewegung erzeugt . . .« (Bruno Kreisky, 1984).
Existenzsorgen, eine weiterhin rückläufige Wirtschaft, Unzufriedenheit, politische Ressentiments trugen zum Vormarsch der Nationalsozialisten bei. Bei den Gemeinderats- und Landtagswahlen im April 1932 wurden die Nationalsozialisten die eigentlichen Wahlsieger – vor allem auf Kosten der Christlichsozialen.
Hitler war zwar erst auf dem Weg zur Macht, aber seine Agitatoren erkannten bereits zu diesem Zeitpunkt, daß Österreich ein guter Boden für die nationalsozialistische Bewegung war. Hitlers Demagogen verstanden es, glaubwürdig zu überzeugen.

> ». . . Da ist einer gekommen, wie der Weihnachtsmann, hat dir das Blaue vom Himmel versprochen. Arbeit, Verdienst, ein besseres, schöneres Leben. Zu einem Zeitpunkt, als deine Ideale und Lebensvorstellung sehr ramponiert waren. Und deshalb glaubte man, ließ sich willenlos manipulieren . . . und verstand, daß diese Ziele nur durch harten Kampf erreicht werden konnten . . .« *(Richard L., 75 Jahre)*

Aufmärsche der Heimwehr und Gegenaufmärsche des Republikanischen Schutzbundes, Terroranschläge der Nationalsozialisten: nahezu täglich kam es irgendwo in Österreich zu Übergriffen und Zusammenstößen, und das Alltägliche verlor an Wirksamkeit.
So hat man auch der blutigen Konfrontation zwischen Sozialdemokraten und Nationalsozialisten im Arbeiterbezirk Simmering am 16. Oktober 1932 keine große Aufmerksamkeit geschenkt. Die Historiker einer späteren Generation bewerteten allerdings das »Drama von Simmering« als »Auftakt zur Tragödie Österreich«.
Der blutige Übergriff der »Hakenkreuzler« vor und im Arbeiterheim, wo aggressionsgeladene Schutzbündler herausgefordert wurden, hatte vier Tote und an die 40 Verletzte zur Folge.

> »Simmering! I weiß noch ganz genau, daß das ein Sonntag war, weil wir vormittag alle in der Kirch'n war'n. Mei' Bruder, a junger Bua, is' mit die Nazi nach Simmering zogen . . . Für ihn war das Ganze a Hetz, trotzdem er mit einem blutigen Schädel

heimgekommen is'. ›Denen hab'n wir 's aber zeigt!‹ hat er lachend g'schrien, der blede Bua . . .« *(Grete S., 70 Jahre)*

Am 20. Mai 1932 ernannte Bundespräsident Wilhelm Miklas den bisherigen Landwirtschaftsminister Dr. Engelbert Dollfuß zum – vorletzten – Bundeskanzler der Ersten Republik. Das neue Kabinett konnte sich nur auf eine Stimme Mehrheit im Parlament stützen – zweifellos eine eher fatale Ausgangsposition in einer Zeit, die von Krisen und Terror gezeichnet war. Dollfuß war ein international anerkannter Agrarexperte, dessen Fähigkeiten sogar der »Erzfeind« Dr. Otto Bauer anerkannte. Aber der neue Regierungschef verfügte nicht über das nötige Know-how eines Spitzenpolitikers, auch in der eigenen Partei gab es so manchen Zweifler, ob Dollfuß der richtige Mann war. Trotzdem erhoffte man sich, daß der Nominierte mehr war als eine Übergangslösung wie seine Vorgänger Ender, Buresch oder Vaugoin.
Dollfuß war nur 1,53 m groß, und dieses körperliche Manko löste Minderwertigkeitskomplexe aus, die er in einem besessenen Fleiß und Einsatzbereitschaft sublimierte. Schon in jungen Jahren – »im Schützengraben« – hatte er von einer zukünftigen bedeutenden Rolle eines politischen Reformers geträumt, der mit den bestehenden Mißständen und dem Chaos aufräumen würde. Deshalb glaubte der damals Vierzigjährige an seine »Mission« als Bundeskanzler und übernahm die Lasten und Pflichten eines Regierungschefs, ohne genaue Vorstellungen, wohin der Weg führen sollte.
Der junge Politiker etablierte sich zögernd und tastend und verbarg seine Unsicherheit in gesteigertem Aktivismus. Mangelnde politische Gewandtheit und fehlendes Fingerspitzengefühl führten zu Fehlentscheidungen und -beurteilungen.
Am Ende seiner ersten Regierungserklärung sagte Dollfuß: »Seien wir uns gemeinsam des Ernstes der Zeit bewußt, helfen Sie mit! Denn ich fürchte, sonst steht das Schicksal unseres Volkes an der Wende!«

»Dollfuß ist an sich selbst gescheitert. Er hatte vernünftige Ideen und in manchen Dingen einen verblüffenden Weitblick.

Aber er war sehr beeinflußbar, und er konnte nicht auf den Tisch hauen und sagen: ›So ist das, meine Herren, und nicht anders! Und das ist auch zu akzeptieren!‹ Vielleicht hat man ihn deshalb nicht ernst genommen!« *(Rudolf S., 76 Jahre)*

Die Fähigkeiten des »kleinen Mannes mit den großen Plänen« reichten nicht aus, um im Ränkespiel der Politik zu bestehen. Der Idealist vertraute seinen Jugendfreunden und Kollegen aus der Studienzeit und war zutiefst schockiert, wenn man ihn enttäuschte.
Kirche und Klerus einerseits, die Hausmacht der Heimwehr andererseits waren für Dollfuß die Stützen seiner Politik. Starhemberg sowie der Wiener Heimwehrführer Emil Fey wurden Mitglieder seines Kabinetts, denen er blindlings vertraute. So übersah er die Abhängigkeit, in die er geriet.
Den Vorwurf, ein Diktator zu sein, wies er in einem Interview im »Evening Standard« vom Mai 1933 zurück: ». . . Ich bin kein Diktator, ich bin ein Demokrat . . . Was jetzt zur Debatte steht, ist nicht die Demokratie, sondern die Selbsterhaltung. Es besteht die Wahl zwischen der einen Form der Demokratie oder einer anderen. Aber die Wahl heißt: Österreichs Bestehen oder Untergang! . . .«
Dollfuß war von der Tradition her kein Verfechter der Demokratie; er kam aus einem bäuerlichen, autoritär geführten Familienverband, für ihn war die »Autorität als bäuerliche Ordnung« das Wertmaß für ein Staatsgefüge.

»Dollfuß! Da gibt es viele Assoziationen! Da fällt mir, wegen der Aktualität, zum Beispiel die Hirtenberger Waffenaffäre ein . . . in meinen Augen vor allem eine Packelei zwischen Starhemberg und Mussolini. Profitiert hat die Heimwehr! Aber auch der Starhemberg-Freund und -Förderer Mandl, dem die Patronenfabrik in Hirtenberg g'hört hat. Und Dollfuß, na bittschön, der hat doch sehr wohl davon gewußt, auch wenn er 's später geleugnet hat! . . .« *(Stefan M., 74 Jahre)*

Die Hirtenberger Waffenaffäre – ein Waffenschmuggel zwischen Italien, Österreich und Ungarn, bei dem als Alteisen deklarierte Waffen nach Ungarn gebracht werden sollten – flog Anfang 1933 auf

und erregte internationales Aufsehen. Ein Teil der Waffen sollte in Österreich bleiben und an die Heimwehr verteilt werden.
Der 4. März 1933 – als das Parlament arbeitsunfähig wurde, nachdem alle drei Parlamentspräsidenten nacheinander ihr Mandat zurückgelegt hatten – ging als magisches Datum in die Geschichte Österreichs ein. Die Uhr einer Zeitbombe begann zu ticken. Als sie explodierte, wurde Österreich von der Landkarte gefegt.
Mit der Selbstausschaltung des Parlaments war die Demokratie in Frage gestellt. Es gibt verschiedenste Darstellungen über den Eklat im Parlament, und eine Version berichtet sogar, daß es »die Blasenschwäche eines Parlamentariers« gewesen sein soll, die das Ende der parlamentarischen Zusammenarbeit auslöste.
Versuche der Sozialdemokraten und der Großdeutschen, eine Woche nach der Parlamentsauflösung die Institution zu reaktivieren, scheiterten am Widerstand der Christlichsozialen. Man konnte auch ohne Parlament weiterregieren. Und Dollfuß regierte, ohne Parlament, mit zunehmender Macht und wachsendem Fanatismus. Er schränkte die Pressefreiheit ein, verbot alle Aufmärsche, löste den Republikanischen Schutzbund auf.
Bundespräsident Dr. Wilhelm Miklas unterstützte den neuen Regierungskurs, wenn er auch dem Regierungsteam – Dollfuß, Schuschnigg, Starhemberg und Fey – keine allzugroßen Sympathien entgegenbrachte. Aber er strebte, den politischen Katholizismus vertretend, einen zunehmenden Einfluß der Kirche im öffentlichen Leben an. Miklas, dem man nachsagte, ein Mann des Ausgleiches zu sein, der sogar ein Miteinander der politischen Kräfte zugunsten Österreichs empfahl, konnte seine Aversion gegen die »antireligiösen, revolutionären Sozialisten« nicht abbauen, um ideologische Brücken zu schlagen. Die Christlichsoziale Partei, der er angehörte, ließ ihn in kritischen Situationen im Stich, und Miklas resignierte, wie es aus einem Brief an einen Freund im Oktober 1933 herauszulesen ist: ». . . Von irgendeinem klaren eigenen politischen Willen habe ich schon lange nichts mehr gehört, und in den ernstesten Stunden und Monaten des Vaterlandes war die einst so stolze und mächtige Partei, die vormals die stärkste konservative Stütze des

Staates war, ... ein Spielball sich überstürzender Ereignisse ... Was Wunder, daß unreifster Radikalismus sich in die verlassenen Machtpositionen drängte und das Vaterland gefährdete ... Dem Bundespräsidenten haben die Christlichsozialen als Partei seit langem nichts mehr zu sagen ...«

Am 11. September 1933 hielt Dollfuß auf dem Wiener Trabrennplatz im Rahmen des Katholikentages bei einem Generalappell der »Vaterländischen Front« die berühmte Rede, die sein Regierungskonzept präsentierte: »... die Zeit der Parteienherrschaft ist vorüber! ... Wir wollen den sozialen, christlichen deutschen Staat Österreich, auf ständischer Grundlage, unter starker autoritärer Führung! ... Autorität heißt nicht Willkür, Autorität heißt geordnete Macht ...«

Er spielte sie aus und stützte sich auf seine reale Macht in höchster Position. Von der faschistischen Heimwehr mehr oder weniger bewußt geleitet, sah er in Mussolini einen Freund und Berater, vielleicht einen Helfer gegen Hitler.

Sein Fanatismus äußerte sich in Kompromißlosigkeit und unrealistischen Vorstellungen, wie etwa die Aufstellung eines »Tugendkataloges des Staates«, mit dogmatischer Einteilung nach guten und bösen Staatsbürgern, Gerechten und Sündern, Anhängern und Andersdenkenden, die deswegen rigoros zu verfolgen waren.

Zu jenem Zeitpunkt gab es für Dollfuß keine Verständigung mehr mit den Sozialdemokraten, denn die Polarität der Anschauungen untergrub jegliche Diskussionsbereitschaft. Dabei war Dollfuß zunächst kein fanatischer Gegner der Sozialdemokraten gewesen, erst eine aus persönlichen Motiven resultierende Ablehnung Otto Bauers löste die Unversöhnlichkeit gegenüber den Sozialisten aus, von der letztlich die Nationalsozialisten profitierten.

Im Laufe des Jahres 1933 erließ Dollfuß an die 300 Verordnungen, die auf einem Gesetz aus der Zeit der Monarchie beruhten, dem Kriegswirtschaftlichen Ermächtigungsgesetz von 1917. Er ließ die Zensur einführen, errichtete Anhaltelager zur Internierung politischer Gefangener und schreckte auch nicht vor Verurteilungen mit Todesstrafen zurück.

Die Politik Dollfuß' erreichte aber nicht das Ziel eines »parierenden Volkes«, sondern nährte Haß und Provokation: Im Februar 1934 kam es zu der innenpolitischen Katastrophe eines Bürgerkrieges. Für die österreichische Sozialdemokratie bedeutete der Februarkonflikt das Ende ihres offiziellen Bestehens und das Abgleiten in die Illegalität.

»Wir Sozi wurden illegal wie die Nazi, und in Wöllersdorf (Anhaltelager) haben wir gemeinsam gegen die schwarze Regierung gearbeitet. Das waren dort alle Idealisten, und die Nazi waren in Wirklichkeit keine Nationalsozialisten im eigentlichen Sinn . . .« *(Josef B., 75 Jahre)*

Für Dollfuß und sein Kabinett bestätigte sich die Position der Macht, die das Aufbegehren der Andersdenkenden innerhalb von drei Tagen – mit Waffengewalt – niederschlagen konnte. Den etwa 20 000 Mann des Republikanischen Schutzbundes standen 60 000 Mann, rekrutiert aus Heer, Exekutive und Heimwehr, gegenüber. Aber es gab keinen Triumph, wie Kurt Schuschnigg später in seinem Buch »Requiem in Rot-Weiß-Rot« resümierte: » . . . Am Ende gab es keinen Sieger und keinen Besiegten. Es gab nur einen Schwerverwundeten: Österreich«.

»Februar '34? Wenn S' mich fragen, als Frau, was hat das alles 'bracht, kann ich nur sagen: Witwen und Waisen. Und Haß und Rachegefühle! Und der Hitler war der lachende Dritte! So denk ich halt . . .!« *(Sophie K., 73 Jahre)*

Das Tragödienjahr 1934 schrieb noch ein weiteres historisches Datum: den 25. Juli, an dem Bundeskanzler Dollfuß von nationalsozialistischen Putschisten erschossen wurde.

»Dollfuß hat viele Fehler gemacht. Er war ein Werkzeug der Heimwehr, und er hat gepackelt, wo er glaubte, daß es so richtig war. Aber er hat sich viele Feinde geschaffen, und das, glaube ich, war sein Schicksal!« *(Herbert G., 74 Jahre)*

Dollfuß' Nachfolger wurde Dr. Kurt Schuschnigg, der den autoritären Kurs noch mehr verhärtete. Innenpolitisch stützte er sich auf die »Vaterländische Front« als einzig wahre und gültige Partei. Den Sozialdemokraten stand Schuschnigg als unversöhnlicher Gegner gegenüber, den ebenfalls verbotenen Nationalsozialisten gegenüber verhielt er sich ambivalenter, suchte sie zur Mitarbeit zu gewinnen. Schuschniggs Taktik des Zeitgewinns änderte nichts mehr am letzten Akt der Tragödie Österreichs. Die Zeitbombe explodierte, die dem Staat seine Existenz nahm.

Schuld? »Es gibt keine Schuld. Nur den Ablauf der Zeit!« sagt Kurt Tucholsky.

Seite 80: 15. Juli 1927: Der Justizpalast brennt

Oben: Die Polizei schießt in die Menge. Photo: Lothar Rübelt

Links: Dr. Johannes Schober, Polizeipräsident in Wien und Bundeskanzler (1921/22 und 1929/1930), für die einen ein »Arbeitermörder«, für die anderen der »Mann des Ausgleichs«

Rechts: Bundeskanzler Dr. Ignaz Seipel (1922–1924 und 1926–1929), der »Prälat ohne Milde«

Die beiden paramilitärischen Verbände Republikanischer Schutzbund und Heimwehr, die beide unmittelbar nach dem Ersten Weltkrieg ins Leben gerufen wurden, hatten wesentlichen Anteil am politischen Geschehen der Ersten Republik

Eine Schutzbundeinheit marschiert an sozialdemokratischen Funktionären vorbei: Julius Deutsch und Karl Renner. Photo: Lothar Rübelt, 1928

Emil Fey schreitet die Front seiner Heimwehrleute ab

Berittene Polizei bedeutete nicht nur Ordnung, sondern auch Gewalt. Photo: Rudolf Spiegel, 1934

Bundeskanzler Dollfuß ließ den Maiaufmarsch der Sozialdemokraten 1933 verbieten, Militär riegelte die Innenstadt ab. Die sozialdemokratischen Führer riefen dazu auf, statt des Maiaufmarsches auf der Ringstraße spazierenzugehen. Photos: Rudolf Spiegel, 1933

Oben: »Spaziergänger« am 1. Mai 1933 in der Währinger Straße. Photo: Rudolf Spiegel

Rechts: Aufmarsch des Republikanischen Schutzbundes, 1926

Unten: Singende und marschierende Schutzbündler. Photo: Rudolf Spiegel

Die »Hahnenschwanzler«, wie die Heimwehrleute in der Bevölkerung wegen des Auerhahnstoßes auf ihrer Kappe genannt wurden, waren in Wien nicht beliebt. Spott und Provokation führten immer wieder zu Zusammenstößen. Photos: Rudolf Spiegel, 1933

Heimwehraufmarsch auf der Mariahilfer Straße. Photos: Rudolf Spiegel, 1933

Bundeskanzler Engelbert Dollfuß und Heimwehrführer, Vizekanzler und Sicherheitsminister Emil Fey: Symbolfiguren des autoritären Staates

Bundeskanzler Dollfuß bei einer Großkundgebung 1933
im Wiener Stadion

Oben: Klerus und Staat: Der politische Katholizismus war für Dollfuß ein wesentlicher Bestandteil seiner Politik. Auf dem Bild steht er zwischen Heimwehrführer Fey und Kardinal Innitzer

Links: Erzherzog Eugen erhielt im April 1934 die Erlaubnis, nach Österreich zurückzukehren, und zählte von da an bei offiziellen Veranstaltungen zu den Ehrengästen. Photo: Rudolf Spiegel

Rechts: Wallfahrt nach Mariazell, an der neben Bundeskanzler Dollfuß auch Bundespräsident Dr. Wilhelm Miklas und Frau teilnahmen

Großveranstaltung im Stadion während des Katholikentages im September 1933. Photos oben und rechts: Rudolf Spiegel

Kundgebung der Vaterländischen Front vor dem Rathaus. Photos: Rudolf Spiegel, 1934

Zuschauer bei einer Parade auf der Ringstraße

Februar 1934: Das Militär sammelt sich beim Simmeringer Gaswerk

Die berittene Polizei zieht auf. Photo: Rudolf Spiegel, 1934

Februar 1934: Heimwehrleute laden Sandsäcke ab.
Photo: Rudolf Spiegel

Oben: Artilleriegeschütze am Hubertusdamm

Rechts: Gefallene vor dem Schlingerhof

Das zerschossene Kaffeehaus im Goethehof. Photos: Rudolf Spiegel, 1934

Oben: Der zerschossene Karl-Marx-Hof, der wenig später in Heiligenstädter Hof umbenannt wurde. Photo: Rudolf Spiegel, 1934

Links: Schutzbündler werden festgenommen

Militärwache an der Reichsbrücke: Passanten werden kontrolliert. Photos: Rudolf Spiegel

Wiener Gemeindebauten nach den Februarkämpfen.
Photos: Rudolf Spiegel, 1934

Das Ende der Kämpfe: Schutzbündler ergeben sich. Tausende Männer und Frauen wurden verhaftet und teilweise zu langjährigen Haftstrafen verurteilt

Oben: Das Kruckenkreuz, Emblem der Vaterländischen Front, an einem Gemeindebau – Symbol der Gegensätzlichkeit

Unten: Im Anhaltelager Wöllersdorf wurden alle Gegner des Ständestaates interniert: Sozialdemokraten, Nationalsozialisten, Kommunisten. Photo: Fritz Zvacek

»Standrecht«: In der Woche nach den Februarkämpfen wurden 21 Todesurteile verhängt, von denen neun vollstreckt wurden. Photo: Rudolf Spiegel, 1934

Rechts: Beratung unter Polizisten. Photo: Rudolf Spiegel

Zu verg

15
16
A 20.585

Staatsbegräbnis der gefallenen Polizisten und Soldaten der Februarkämpfe. Nach offiziellen Angaben gab es auf seiten der Exekutive 118 Tote, auf seiten des Schutzbundes 196; in Wahrheit war die Zahl der Gefallenen bei der Arbeiterschaft wahrscheinlich wesentlich höher. Photo: Rudolf Spiegel

Nach 1934 kam der soziale Wohnbau der Stadt Wien zum Erliegen. Staatliche Arbeitsbeschaffungsprogramme förderten neben Familienhäusern Großprojekte wie den Bau der Großglocknerstraße, der Reichsbrücke und der Höhenstraße. Photo: Rudolf Spiegel

Bereits 1932 war ein »Freiwilliger Arbeitsdienst« eingerichtet worden, der Jugendliche bis zu 25 Jahren beschäftigte. Die Bezahlung war unbedeutend

Das Fußballstadion im Prater wurde 1931 fertiggestellt

Die Höhenstraße durch den Wienerwald entstand in mehreren Etappen 1934 bis 1938

Oben: Rodungsarbeiten beim Bau der Höhenstraße. Photo: Fritz Zvacek

Unten: Mittagspause am Bau. Photo: Rudolf Spiegel, 1932

Befestigungsarbeiten am Donauufer. Photo: Rudolf Spiegel

»Mörtelweiber« nannte man die Frauen, die am Bau arbeiteten und Ziegel und Schutt in Körben auf dem Kopf trugen. Photos: Rudolf Spiegel

An der Donau und bei Straßenarbeiten.
Photos: Rudolf Spiegel

Putschversuch der Nationalsozialisten im Juli 1934: Vor dem besetzten Bundeskanzleramt am Ballhausplatz ist ein Panzerwagen aufgefahren. Photo: Albert Hilscher

Rechts oben: Blick auf die Menschenmenge vor dem Funkhaus in der Johannesgasse

Rechts unten: Ein Verletzter wird aus dem RAVAG-Studio geborgen

KÄRNTNER KINO
B.M.NEUWELT
B.M.NEUW
Bacchus Stube
Defregger

MOLKEREI

Das Begräbnis des ermordeten Bundeskanzlers Engelbert Dollfuß.
Photo: Albert Hilscher

ALTE FELD
APOTHEKE
MANDL

Trauerkundgebung der Vaterländischen Front auf dem Heldenplatz am 8. August 1934. Photo: Albert Hilscher

Spendenaufruf zu einem Denkmal für den ermordeten Bundeskanzler. Photo: Rudolf Spiegel

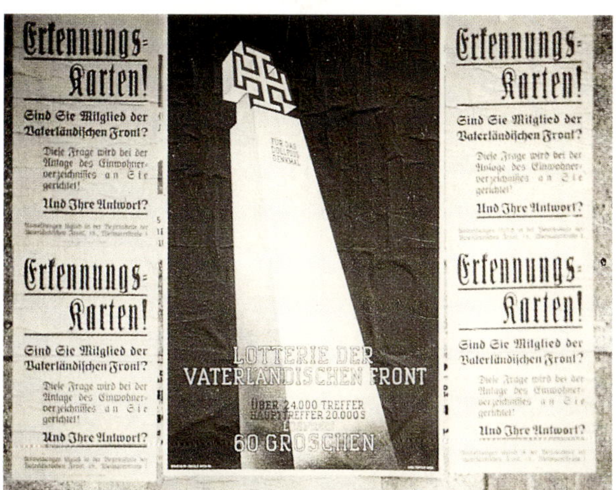

Plakatwerbung für Vaterländische Front und Ständestaat. Photos: Rudolf Spiegel

Rechts: Bundeskanzler Schuschnigg bei seiner letzten Rede in Innsbruck am 9. März 1938, in der er eine Volksbefragung ankündigte

Oben: Schuschniggs Rede wurde im Radio live gesendet und vor der Wiener Oper über Lautsprecher übertragen. Photos: Albert Hilscher

Rechts: Wahlwerbung für die geplante Volksbefragung am 13. März, bei der die Bevölkerung für ein »freies und deutsches, unabhängiges und soziales, für ein christliches und einiges Österreich« stimmen sollte. Photo: Albert Hilscher

Ja!
Mit Schuschnigg
FÜR EIN FREIES ÖSTERREICH
SCHATZL
REISEKOFFER

Ein letzter Versuch einer Aussöhnung zwischen Sozialdemokraten und dem Ständestaatregime scheiterte. Gewerkschaftsversammlung im Floridsdorfer Arbeiterheim am 7. März 1938

Rechts: Das Ende Österreichs: SA-Mann vor dem Parlament. Photo: Rudolf Spiegel, 1938

Der Alltag war nicht immer grau

Die Massenarbeitslosigkeit der dreißiger Jahre war ein weltweites Phänomen. In Österreich hatte ein Viertel der arbeitenden Bevölkerung keine gesicherte Beschäftigung, der hohe Prozentsatz von Arbeitslosen wurde zur treibenden Kraft politischer Eskalationen und antidemokratischer Tendenzen.

Schon unmittelbar nach Kriegsende gab es Arbeitslose, einerseits durch die heimkehrenden Soldaten, andererseits durch die nach Wien zurückkommenden Bewohner der einstigen Kronländer.

Seinen Tiefpunkt erreichte der Beschäftigungsstand durch die Weltwirtschaftskrise, Tausende von arbeitslos gewordenen Menschen standen vor dem finanziellen Nichts. Not und Elend wurden immer größer, die Zahl der Obdachlosen wuchs an, Menschen wurden aus der Lebensbahn geworfen, ohne je wieder zurückzufinden. Diese massive Verschlechterung der sozialen Lage traf breite Schichten, und den Mann von der Straße bedrückte die zunehmende Wirtschaftsflaute mehr als der politische Machtkampf.

Durch den Zusammenbruch der Großbanken in Wien wurden Hunderte von Beamten abgebaut. Die sogenannte »Doppelverdienerverordnung« traf vor allem Frauen, die wie ihr Ehepartner im öffentlichen Dienst tätig waren. Der Besserverdienende behielt seinen Posten, und das war in den meisten Fällen der Mann. Die Arbeitslosenunterstützung wurde bis maximal 30 Wochen ausbezahlt, nach ein paar Wochen Notstandsunterstützung wurde man »ausgesteuert« und war auf Fürsorge und karitative Hilfe angewiesen. Labile Mentalität ließ viele in eine fragwürdige Existenz abgleiten, die oft in Kriminalität, aber auch in Selbstmord endete.

1932 wurde die gesamte Bevölkerung des kleinen niederösterreichischen Ortes Marienthal (nahe Grammatneusiedl) arbeitslos und nach eineinhalb Jahren ausgesteuert. Spontane Aktionen, vorbildliche Hilfsbereitschaft und vor allem eine unvorstellbare Sparsamkeit der Marienthaler Hausfrauen bewirkten das »Wunder von Marienthal« – das Überleben von mehreren Jahren unter schlechtesten Bedingungen.

Anhand des »Falles Marienthal« haben später Soziologen Motivforschungen angestellt, wobei die psychischen Reaktionen der Betroffenen im Vordergrund der Untersuchungen standen. Vor allem zeigte sich unmittelbar nach Verlust des Arbeitsplatzes eine »Flucht vor sich selbst«, ein »Verstecken vor der Realität« mit demotivierenden Folgen.

Interesselosigkeit an sinnvoller Beschäftigung, etwa Hilfe im Haushalt oder Lesen oder politischer Betätigung, führte zu Apathie und Resignation, in krassen Fällen weigerte sich der Arbeitslose, den Ablauf der Zeit wahrzunehmen. Man wollte »die Zeit ignorieren«, also brauchte man auch keine Uhr.

Jene depressive Lebenseinstellung zeigte sich vor allem bei Männern; die Frauen hatten ja mit Haushalt und Kinderbetreuung genug zu tun, waren zu sehr ausgelastet, um in einen psychischen Notstand zu geraten.

Interessanterweise zeigte die Studie unter anderem eine leichte Verbesserung des allgemeinen Gesundheitszustandes, denn es gab weder für Alkohol noch für Nikotin die nötigen Mittel, und die überaus bescheidene Ernährung garantierte ein vernünftiges Leben ohne Völlerei. Die Leute waren viel zu Fuß unterwegs, im Sommer größtenteils barfuß. Anscheinend lebten die Marienthaler trotz aller Entbehrungen gesund.

Die Fallstudie »Marienthal« bot späteren soziologischen Untersuchungen aufschlußreiche Vergleichswerte an, wobei sich zum Beispiel bei länger andauernder Erwerbslosigkeit analoge Beobachtungen feststellen ließen, wie traumatische Lebensangst, Identitätsverlust und soziale Isolierung. Unter solchen psychischen Belastungen litt der Landbewohner viel mehr als der Großstädter.

Sicherlich stellte die Anonymität der Großstadt eine Gefährdung dar, die zu einem Abgleiten in eine inhumane Existenz führen konnte. Das Beispiel Wien zeigte aber, daß ein psychischer Verfall in der Großstadt sich nur begrenzt vollziehen konnte – schon deshalb, weil die Lebenswelt der Beschäftigten für die Arbeitslosen relevant blieb. Damals wurden auch viele Bildungsstätten eröffnet, um den Arbeitslosen eine psychische Stabilisierung zu ermöglichen. Die Gemeinde Wien bemühte sich um verschiedene Arbeitsbe-

schaffungsmaßnahmen, wie die Finanzierung von Erwerbslosensiedlungen oder die Unterstützung der Aktion »Jugend am Werk«. Da die Mittel der Gemeinde allmählich zu gering wurden, zeitigten diese Maßnahmen allerdings nicht die gewünschten Erfolge.
Die Großstadt hatte immer wieder variable Arbeitsmöglichkeiten zu bieten. In bestimmten Berufen gab es Saisonarbeiter, etwa im Bau- oder Gastgewerbe oder in speziellen Sparten bestimmter Konsumgütererzeugungen, wie Modisten, Kürschner, Taschner usw., so daß die Erwerbslosigkeit zeitlich begrenzt war.
Arbeitslose versuchten auch auf eigene Faust, Gelegenheitsarbeiten zu bekommen, was bei entsprechendem Bekannten- und Freundeskreis nicht allzu schwierig war.
1932 wurde, von der Heimwehr forciert, ein »Freiwilliger Arbeitsdienst« eingeführt, der Jugendliche bis zum 25. Lebensjahr verpflichtete. Auch diese Aktion scheiterte letztlich an der zu geringen Bezahlung der Leistungen am Bau oder bei Straßenrenovierungen.

> »Der Betrag, den man uns bezahlte, war einfach lächerlich. Natürlich sind wir herumgelungert und haben uns nicht überanstrengt. Für die paar Schillinge war unsere Leistung viel zu groß!« *(Harry G., 72 Jahre)*

Natürlich löste der Verlust des fixen Arbeitsplatzes individuelle Reaktionen aus, wem es jedoch gelang, sich, nach einer Phase der Resignation, der neuen Lebenssituation anzupassen, wurde aktiv, und wenn es auch nur eines Vergnügens wegen war: »Wir konnten 's auch richtig genießen!«
Wenn die wärmere Jahreszeit kam, fanden sich ein paar Quadratmeter unverbauten Raumes zwischen den Mietskasernen, um einen Tisch und Bänke aufzustellen, wo ein einsamer Fliederstrauch oder ein vergessener Kastanienbaum bescheidenen Schatten spendete.
Hier saßen die Männer tagsüber zusammen, um Karten zu spielen oder zu diskutieren. An den heißen Tagen konnte man die Männer mit den damals beliebten Netzleibchen bekleidet sehen, das ebenso unvermeidliche Haarnetz mit dem breiten Abschlußband

am Kopf. Der »Schmäh vom Grund« vertrieb die schlechte Laune, die »Gemeinschaftszigarette« stärkte das Zusammengehörigkeitsgefühl wie die eine Flasche Bier, die man gemeinsam trank.
Es gab auch leidenschaftliche Schachspieler, deren Partien oft Stunden in Anspruch nahmen. Und die abendliche Erkenntnis: »Na, tan hamma eigentlich nix«, fand eine entschuldigende Erklärung: ». . . aber fad war uns net!«

»Ja, i war arbeitslos, von '33 bis '37. Aber, wissen S', beschäftigungslos, das war i nie. Weil i ka Tachinierer war! Am schönsten war 's halt im Frühjahr, wann i in Prater gangen bin. Buden oder Zäune reparieren, oder ausgwerkelte Ringelspielwagerln neu streichen. Wann mi d' Praterleut gsehn habn, habn s' grufen: Jessas, der Pepperl is wieder da, da fangt ja im Prater d'Saison wieder an! Und abends samma zsammgsessn und waren fidel und habn von bessere Zeitn gred' als damals warn.« *(Josef F., 78 Jahre)*

In jener Zeit wurde das »auf d' Walz gehen« wieder aktuell, hatte jedoch nichts mehr mit dem einstigen Brauch der Handwerksgesellen zu tun, der noch mit gewisser Romantik und Unbeschwertheit verbunden war.
Dieses »Auf d' Wanderschaft-Gehen« war eine Art Bettelei, besonders dann, wenn es keinerlei Unterstützung oder Reisegeld einer Gewerkschaft gab. Das erfolglose Herumbetteln frustrierte ebenso wie vergebliches Hausieren vor meist verschlossenen Türen.
Es konnte auch vorkommen, daß sich ein paar Leute zusammenschlossen und gemeinsam »in die Welt« zogen. Oft kamen sie nur bis Deutschland, fanden dort Arbeit, verbunden mit politischer Betätigung . . .

»Der Vater hat gsagt, geh auf d' Walz, verdienst auch dei Geld. Aber für mich war das Herumbetteln unerträglich, weil ich viel zu stolz war. Der Sohn eines Geschäftsmannes, der mußte jetzt betteln gehen. Das hab ich net ausghalten!«
(Toni E., 76 Jahre)

In späteren Jahren hieß es: »Die Familienväter gehen stempeln, weil sich die Jungen breit machen!« Aber das stimmte nicht ganz. Oft kamen Lehrlinge in die prekäre Lage, nach der abgeschlossenen Fachausbildung keinen Arbeitsplatz zu finden. In Extremfällen nahm der eine oder andere unqualifizierte Arbeit an, um überhaupt etwas zu verdienen.

> »Ich war gelernter Schlosser, aber bin in der Branche nicht unterkommen. Also hab ich Botengänge gemacht, Kipfeln und Semmeln ausgetragen, im Winter sogar beim Kohlenhändler gholfen, schwere Kohlensäcke geschleppt. Einmal war ich im Sommer Hutschenschleuderer im Prater, ach, das war eine lustige Zeit, die ich nie vergessen hab! Mein Schwager hat mich dann Ende '37 in einer Großschlosserei untergebracht!«
> *(Michael R., 75 Jahre)*

In manchen Berufen gab es Langzeitarbeitslose, vor allem bei Fachkräften, die sich nicht unter ihrer Qualifikation verkaufen wollten. Derartiger Berufsstolz war vor allem bei Druckern, Setzern und Metallarbeitern sehr ausgeprägt. Nach Möglichkeit sprangen Familienangehörige ein, um finanziell zu helfen oder um Hilfsarbeiten zu vermitteln, die mit dem qualifizierten Beruf nichts zu tun hatten und daher nicht persönlichkeitsbelastend waren.

> »Mein Vater war in einer mittelgroßen Druckerei in der Nähe von Wien beschäftigt. Als das Geschäft mehr und mehr zurückging, hat man meinen Vater abgebaut. Natürlich hat er nichts Passendes mehr gefunden, er war auch nicht mehr der Jüngste. So hat er seine Arbeitslosigkeit, die ihn belastete, nicht mehr verkraftet. '39 ist er dann an Herzschlag gestorben!« *(Hanna H., 74 Jahre)*

Von den wirtschaftlichen Krisensituationen waren an erster Stelle weibliche Arbeitnehmer betroffen. Der berufstätigen Frau, vor allem der Arbeiterin, wurde kaum entsprechende Anerkennung entgegengebracht, und sie wurde auch nicht leistungsgemäß bezahlt. Die meisten Frauen lösten das Problem der Arbeitslosigkeit auf ihre

Weise und behalfen sich mit dem »grauen Arbeitsmarkt«, der insbesondere Hausarbeiten aller Art, allerdings nicht versichert, anzubieten hatte. Lohn wurde individuell ausgehandelt. Die häuslichen Dienste umfaßten Waschen, Putzen, Nähen oder unangemeldete Aushilfsarbeiten. Die meisten Frauen ließen sich also in die typischen Frauenberufe abdrängen, so daß in den Fabriken und Werkstätten vorwiegend Männer beschäftigt werden konnten.
1925 waren 60 000 Hausgehilfinnen und 23 000 Heimarbeiterinnen bei den Wiener Bezirkskrankenkassen gemeldet, die Zahlen des grauen Arbeitsmarktes blieben, weil nicht erfaßbar, unbekannt.
Eine Studie aus jener Zeit berichtet, daß Verkäuferinnen oder qualifizierte Angestellte als Hausgehilfinnen unterkamen oder Bankangestellte nunmehr als Erzieherinnen ihr Geld verdienten. Dabei konnte es auch vorkommen, daß Töchter familienerhaltend wurden.

> »Meine ältere Schwester hat uns erhalten. Papa ist 1929 infolge einer schweren Kriegsverletzung gestorben, die Pension meiner Mutter war klein, einen Beruf hatte sie aus Standesgründen nicht erlernt. So gab sie halt Klavierstunden. Mit der Zeit hatte sie nur mehr wenig Schüler, aber wer konnte es sich schon leisten. Meine Schwester hat in einer Fabrik eine Stelle als Telefonistin bekommen, sie verdiente nicht schlecht, aber zu wenig, um alles zu bestreiten. Ich hab Schneiderei gelernt, und, sobald ich es konnte, im Pfusch gearbeitet . . .«
>
> *(Sophie F., 72 Jahre)*

Andererseits haben auch Arbeiterinnen Mann und Kind ernährt, wenn der Familienerhalter arbeitslos war. Ihr Wochenlohn konnte über das Existenzminimum hinweghelfen. Eine zusätzliche Leistung erbrachte die berufstätige Hausfrau durch überlegten Einkauf auf Märkten, wo sie je nach Saisonangebot Gemüse und Obst erstand. Fleisch kam bestenfalls am Sonntag auf den Tisch, wobei vornehmlich das Familienoberhaupt in den Genuß dieses luxuriösen Essens kam. Im Winter versuchte man durch zeitiges Zubettgehen Heizkosten zu sparen.
Wer die Zeit der Arbeitslosigkeit für sich nützte, darin keinen sinn-

nen, für politische Dispute oder für Referate, die von den bildungshungrigen Jugendlichen mit Interesse aufgenommen wurden.

»Das streng patriarchalische, kleinkarierte Familienleben bedrückte mich, ich war glücklich, wenn ich von Zuhause fort durfte, mit Gleichgesinnten zusammensein konnte. Wir haben uns sehr wohl Gedanken gemacht, wann und wie diese furchtbare Zeit zu Ende gehen könnte. Daß es dann ein Leben gab, das uns zufrieden machte und arbeitsreich war.«

(Lore K., 74 Jahre)

Der Donaukanal wie die Lobau ermöglichten, kostenlos baden zu gehen oder in der Sonne zu liegen. Die Wiener gaben diesen beliebten Stränden den Namen »Riviera des kleinen Mannes«.
Segelboote, von einem großzügigen Spender zur Verfügung gestellt, belebten das Bild von Wasser und Sonne, kleinere Boote, von den Wienern »Schiffanakel« genannt, erfüllten Kinderträume.
Auf den Liegewiesen verteilten sich Sonnenanbeter, Einzelgänger und Familienausflügler, zu denen die Essen austeilende Mutter in der »Kombinesch« gehörte. Liebespaare suchten in uneinsehbaren Plätzen Einsamkeit und Ungestörtheit.
Die »Maschin« – das Motorrad im Gemeinschaftsbesitz – wertete das Renommee des Kavaliers auf, der seine Freundin auf der »Pupperlhutschn« – dem Rücksitz des Motorrades – durch die Gegend führen konnte oder prahlend den Freunden vorführte . . .
Wenn auch das »Gänsehäufelbad« mehr Komfort zu bieten hatte, wie zum Beispiel Brauseanlagen oder Nachmittagstanz zur Musik eines leiernden Grammophons, so erschlossen Lobau und Donauauen in ihrer fast urwaldähnlichen Abgeschlossenheit den eigentlichen Freiraum.
Die Ära der Ersten Republik hat jedem, der sie miterlebte und miterlitt, sein Schicksal aufgezwungen, das der eine leichter, der andere schwerer bewältigen konnte. Die heute noch Lebenden haben jene unbarmherzige Zeit dennoch mit der Gloriole der Erinnerung versehen – wie es die heute siebzigjährige Steffi S. schildert:

»Wissen Sie, wir waren damals arm, schrecklich arm, der Vater

ist Alkoholiker geworden, weil er mit seiner Arbeitslosigkeit nicht auf gleich gekommen ist. Die Mutter ist als Wäscherin gegangen, um uns drei Kinder wenigstens bescheiden zu erhalten. Oft sind wir mit knurrendem Magen schlafen gegangen. Im Sommer sind wir, wenn die Mutter frei hatte, zum Donaukanal gegangen, auf dem Hügel gesessen oder hinauf- und hinuntergelaufen, bis wir todmüde waren. Da hat uns dann die Mutter mit Schmalzbrot versorgt, ein Leckerbissen für uns! Und wir waren zufrieden und glücklich. Noch etwas fällt mir ein: Zu Fronleichnam waren wir Mädeln wegen der Locken genauso aufgeregt wie die Nachbarkinder, die vom Friseur gekommen sind. Unsere Locken hat die Nachbarin mit Zuckerwasser präpariert, und wir sind ebenso stolz dahergekommen wie die anderen. Wissen Sie, für uns Junge hatte das Leben, das so schrecklich und entbehrungsreich war, trotz allem so viele Sonnenseiten.«

Arbeitslosigkeit bedeutete auch viel Freizeit, die auf unterschiedlichste Art genutzt werden konnte – solange es nichts kostete. Schachspielen ließ die Stunden vergehen.
Photos Seite 150 und oben: Rudolf Spiegel, 1932

Beim Zählen der Barschaft . . .
Photo: Rudolf Spiegel, 1935

Oben: Der Wienerwald stand für einen kostenlosen Urlaub zur Verfügung.

Unten: Billiges Speiseangebot in einem Vorstadtbeisl. Photos: Rudolf Spiegel

Links: Ein Tisch, ein paar Bänke und Karten – so läßt sich der Tag verbringen. Photo: Rudolf Spiegel

Zum Heurigen ging man trotzdem – auch wenn wenig Geld in der Tasche war. Photo oben: Rudolf Spiegel, 1932; Photos rechts oben: Rudolf Spiegel, 1938; Photo rechts unten: Fritz Zvacek

Schon die ersten Sonnenstrahlen lockten ins kostenlose Sonnenbad – hier im Stadtpark am Wienfluß.
Photo: Fritz Zvacek

Logenplatz am Fenster mit bester Sicht aufs Straßentreiben. Photo: Rudolf Spiegel, 1932

Oben: Ein bißchen Grünraum, und schon findet sich Platz für einen Boxring. Photo: Albert Hilscher, 1933

Links: Lotterien und Glücksspiele waren in Wien seit den Zeiten Maria Theresias beliebt: Tombola auf einem Sportplatz. Photo: Rudolf Spiegel, 1931

Der Wiener Sommer kann sehr heiß sein – die Kinder wußten sich auf ihre Art zu behelfen. Photo oben: Rudolf Spiegel, 1933; Photo links oben: Albert Hilscher; 1933, Photo links unten: Rudolf Spiegel

Der große Durst . . .
Photo: Albert Hilscher, 1932

Hausierender Bub mit »Honigfliegenfängern«. Photo: Rudolf Spiegel

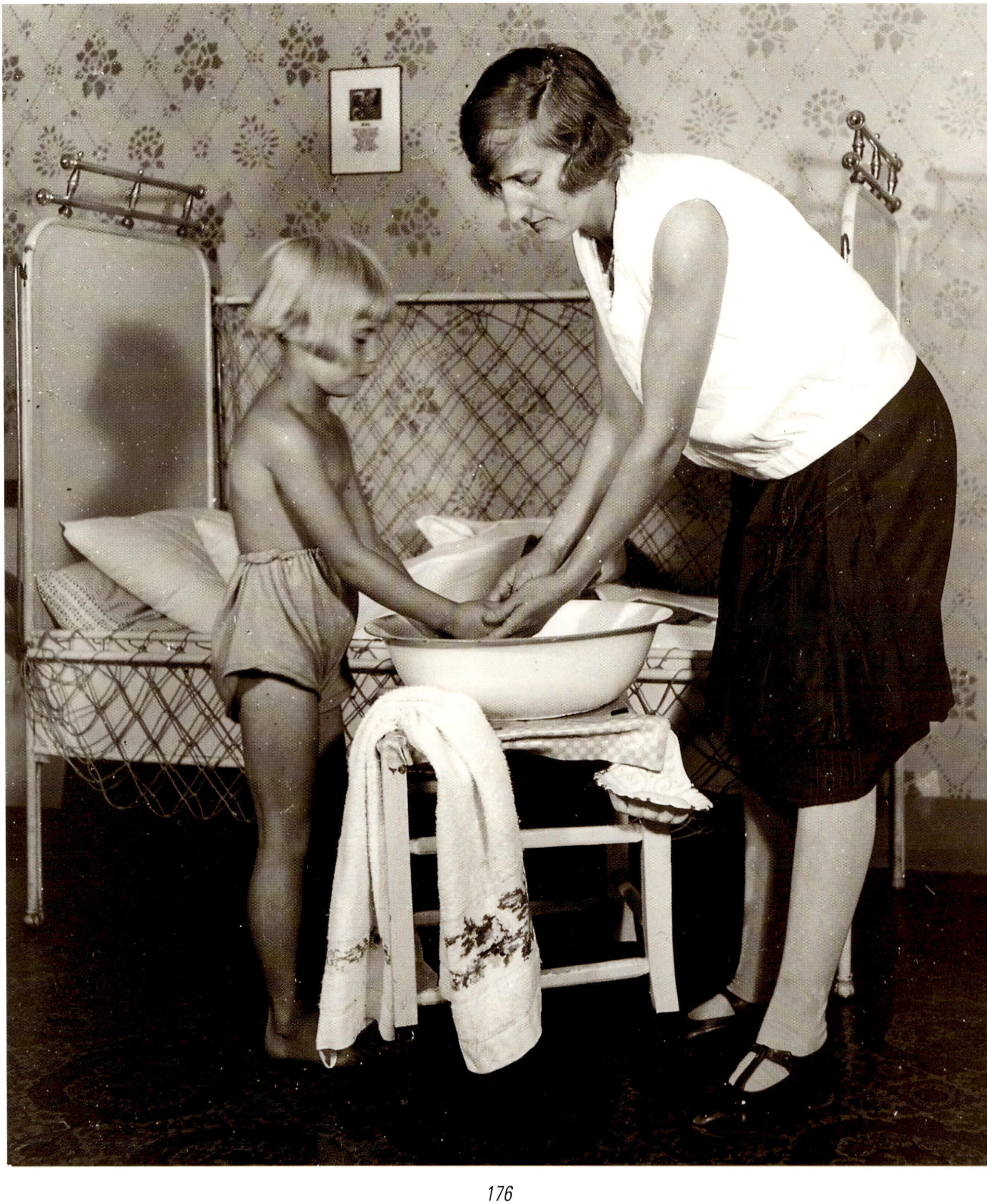

Vielbeschäftigte Kinder, ob als Mechaniker, Puppenmütter oder Flußkrebsfänger

Links: Körperpflege anno dazumal: Waschen im Lavoir. Photo: Fritz Zvacek

Ins Bad, ins Bad: oben das städtische Strandbad Alte Donau, Photo: Albert Hilscher, 1933, unten das Klosterneuburger Strandbad, Photo: Albert Hilscher, 1934

Oben: Das Kinderfreibad im Fuchsenfeldhof. Photo: Martin Gerlach

Unten: Auch ein Trog mit Wasser in einem Hinterhof konnte Abkühlung schaffen. Photo: Albert Hilscher, 1934

Die städtischen Sommerbäder boten dem, der den Eintrittspreis aufbrachte, etlichen Luxus: Umkleidekabinen, Duschen und sogar Tischtennistische.
Photos: Rudolf Spiegel, 1938

Wer weder Geld für Eintritt noch Straßenbahn hatte, der fuhr mit dem Fahrrad an die Donau – und fand auch dort Möglichkeiten der Unterhaltung.
Photo: Albert Hilscher, 1933

Oben: Die Strände von Lobau und Alter Donau boten den Kindern ein Sommerparadies.
Photo: Rudolf
Spiegel, 1929

Links: Kinderfreibad der Stadt Wien

Oben: Eine kostenlose Bademöglichkeit – die Kuchelau. Photo: Albert Hilscher, 1934

Rechts: Der größte Luxus für Sonnenhungrige – das »rotierende Sonnenbad« für gleichmäßige Bräune, um 10 Groschen pro Stunde

Oben: Die Stiegen zum Donaukanal führten in ein sommerliches Eldorado. Photo: Rudolf Spiegel

Unten: Das Badeverbot im Winterhafen der Donau blieb unbeachtet. Photo: Albert Hilscher, 1933

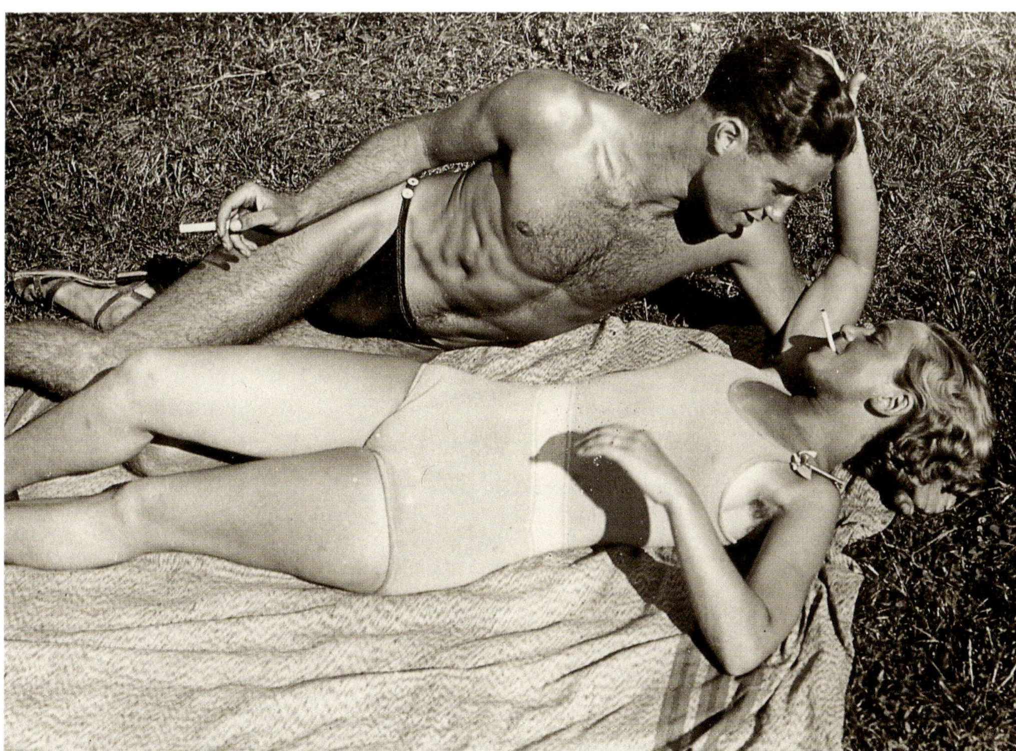

An der Alten Donau – der Riviera der Wiener – konnte man nicht nur baden, da wurde auch getanzt und geflirtet. Photos: Albert Hilscher, 1934

Lagerleben in der Lobau – mit Glück gab es zum Mittagessen frischen Fisch. Photo oben: Albert Hilscher, 1932; Photo rechts: Rudolf Spiegel, 1931

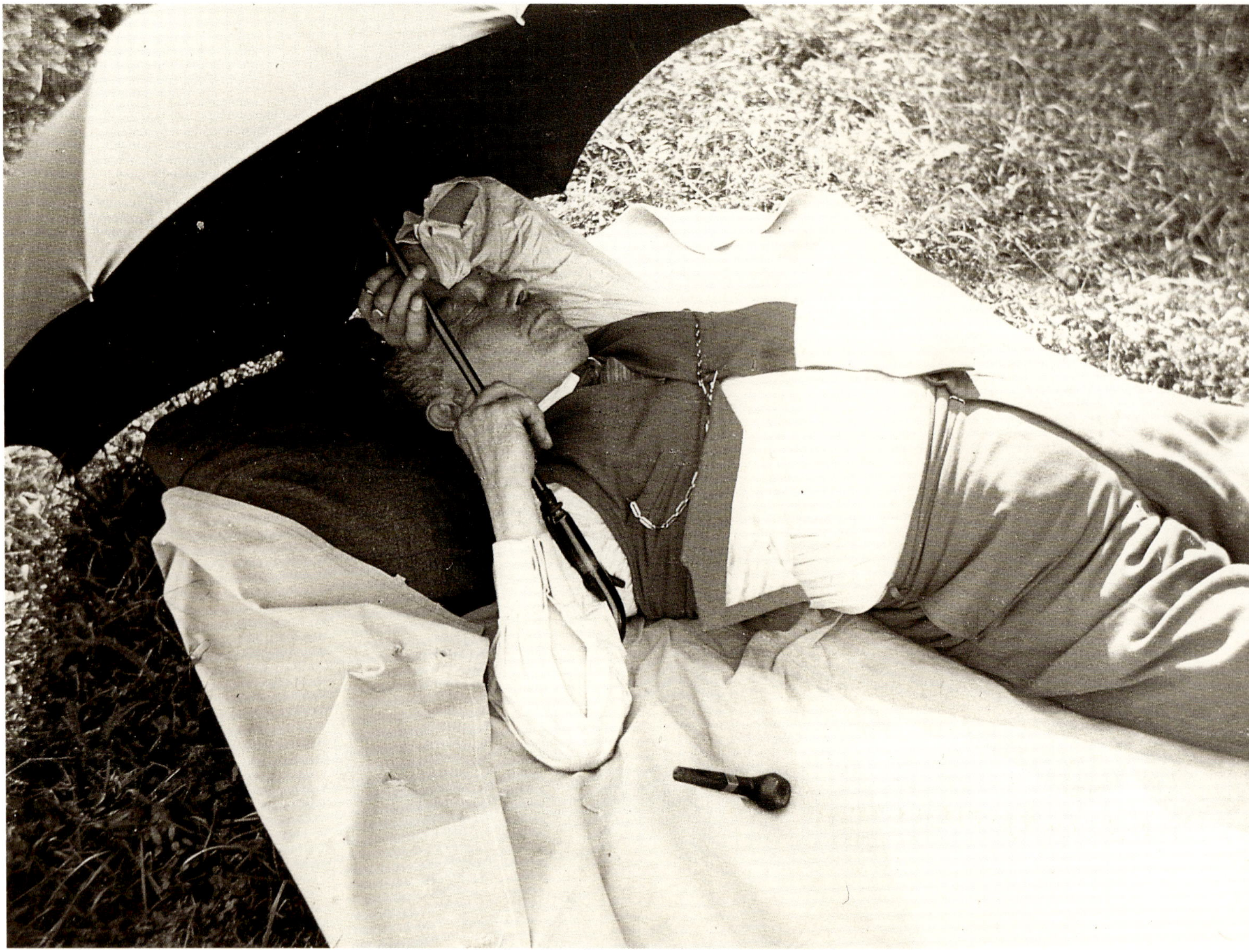

Mittagsschlaf im Grünen . . .

. . . oder »im Dienst« hinter dem Lenkrad.
Photos: Rudolf Spiegel, 1932

An der Alten Donau gab es schon seit 1880 Bootsvermietungen. Photo: Rudolf Spiegel, 1931

Ein »Wiener Dienstmann« nützt eine Pause zum Zeitunglesen. Photo: Rudolf Spiegel

Oben: Ein elektrischer Staubsauger bedeutete bereits erheblichen Luxus. Photo: Fritz Zvacek

Rechts: Ein hübsch arrangierter Tisch konnte am Weihnachtsabend auch bei einem bescheidenen Festmenü festliche Atmosphäre vermitteln. Photo: Fritz Zvacek

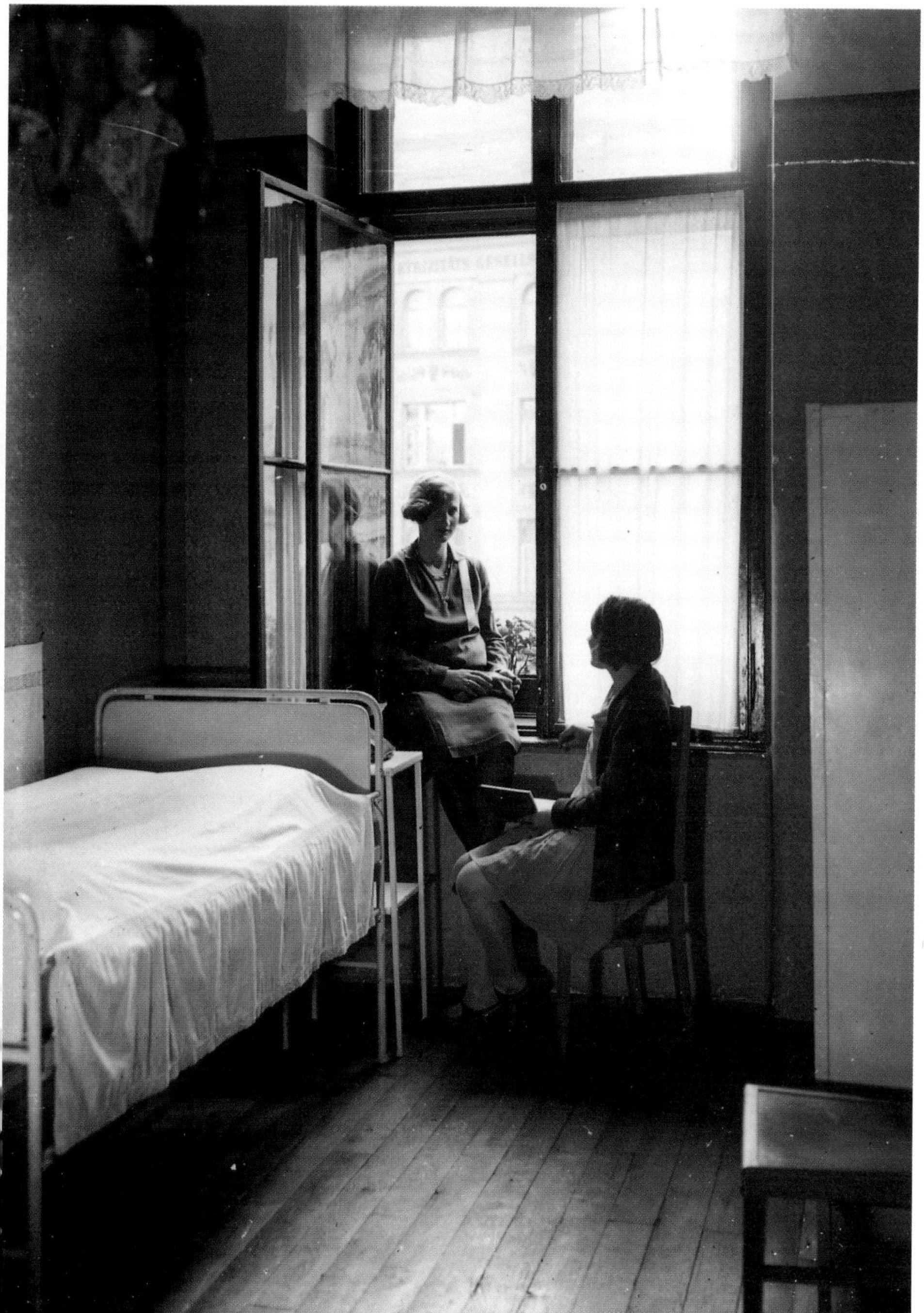

Oben: Studentenheim in Wien

Links: Untermiete verlangte Anspruchslosigkeit. Die lästige Vermieterin nannte man »Kostscheppern«. Photos: Fritz Zvacek

HELFERSTORFERSTRASSE 2
ZUM WEIHN
LDUNGEN BEIM ALT WIENER
Pichler

Links: Hungernde Kinder zum Weihnachtsessen einzuladen, war in vielen Familien langjähriger Brauch. Photo: Rudolf Spiegel, 1933

Oben: Vor der Weihnachtsauslage. Photo: Lothar Rübelt

Familienfeste wie Hochzeiten und Taufen wurden vom
Photographen fürs Familienalbum festgehalten.
Photo rechts: Rudolf Spiegel

Fronleichnamsumzug – die weißen Mäderln waren stolz, ein »Polsterl« oder eine Fahne tragen zu dürfen.
Photos: Rudolf Spiegel, 1938

Eis in der Tüte kostete 10 bis 20 Groschen.
Photo: Rudolf Spiegel, 1935

Die kirchlichen Umzüge im Mai oder Juni dauerten lange und fanden oft bei großer Hitze statt – da schützte ein Schirm vor allzuviel Sonne.
Photo: Rudolf Spiegel, 1938

Fahrt
Dekorationseffekte
Alle Jahre stets Neues
Schnell
Fotografie
BILD R

Der Firmungstag endete traditionsgemäß mit einem Besuch im Wurstelprater. Photo oben: Fritz Zvacek

Vorhergehende Seite: Prominente Firmpaten: Maria Jeritza und Wolfgang Schneiderhan im Prater. Photo: Rudolf Spiegel

Seite 202: Der Eingang zur Grottenbahn »Fahrt ins Märchenland« im Volksprater

Oben: Im Böhmischen Prater am Laaerberg. Photo: Fritz Zvacek

Rechts: »Topferlfahren« im Wurstelprater

Der »große Chineser« – Zentralfigur von
Calafatis Ringelspiel im Prater.
Photo: Fritz Zvacek

Der »Watschenmann« – Symbolfigur des Wiener Wurstelpraters

Die berühmte Barnum-Abnormitätenschau machte auch im Prater Station. Photo: Fritz Zvacek

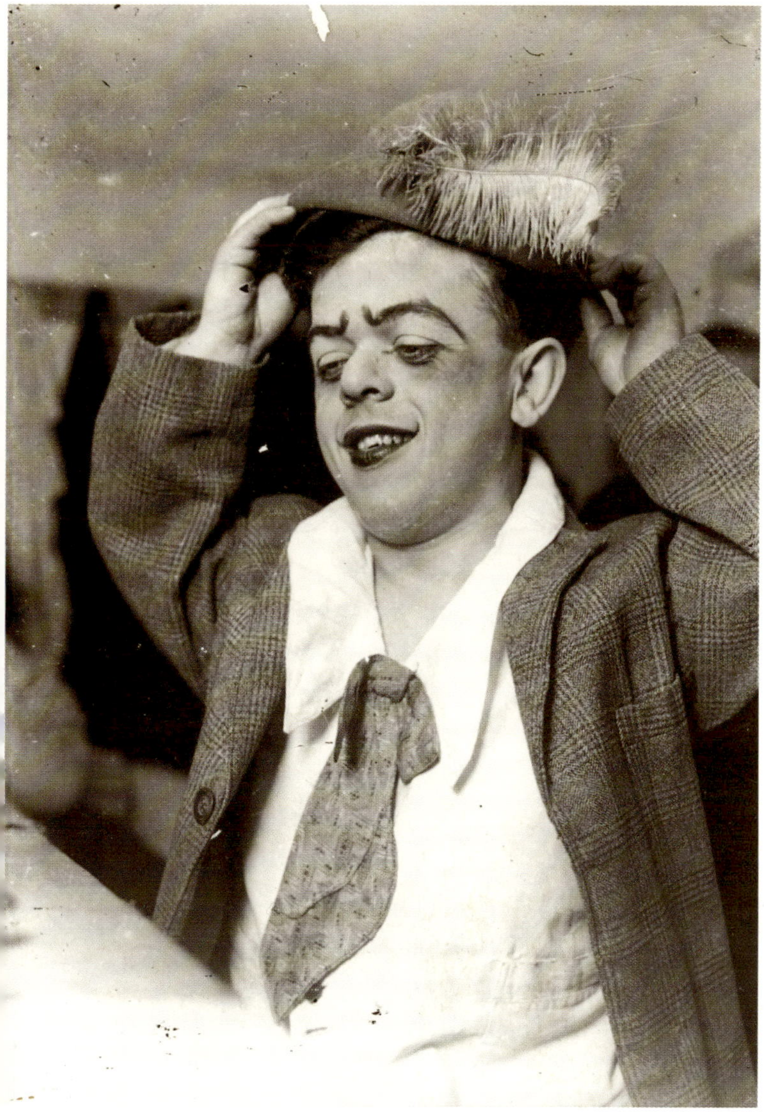

Die Wiener stillten ihr Fernweh im Prater – zum Beispiel mit einer Abenteuerreise nach Afrika.
Photos: Fritz Zvacek

Auf der Suche nach Livingstone – mitten im Prater. Photo: Fritz Zvacek

Die Kinder bringt der Storch aus Afrika –
auch das läßt sich im Prater erfahren.
Photo: Fritz Zvacek

Das große Ringelspiel im Prater

Beim Kasperl im Prater.
Photos: Lothar Rübelt

Der Zirkus ist in der Stadt. Photo oben und rechts oben: Fritz Zvacek; Photo links unten: Rudolf Spiegel, 1931

KRONE

Oben: Das Theatervarieté Colosseum in der Schanzstraße. Photo: Fritz Zvacek

Links oben: Die Soubrette Hansi Führer versucht sich in der Zirkusmanege als Raubtierbändigerin.

Links unten: Werbewirksamer Besuch eines Zirkusmitglieds in einem Büro. Photo: Fritz Zvacek

Oben: Der Volksliedsänger Roman Domanig-Roll mit Kollegen, 1928

Rechts: Kunstpelzstola und Hütchen – fertig zum Ausgehen. Photo: Rudolf Spiegel, 1931

Tanz auf dem Vulkan

Trotz politischer Turbulenzen und wirtschaftlicher Miseren, die jene Epoche der Gegensätzlichkeiten überschatteten, konnte sich eine kulturgeschichtlich »goldene Ära« entfalten.
Die Menschen wollten leben und versuchten, die Angst verdrängend, sich ihre persönliche Welt zurechtzurücken. Vergnügungen ließen das Elend des Alltags vergessen, Illusionen verwischten die Realität von Not und Leid. Scheuklappendenken, als Selbstschutztaktik, ließ nur das sehen, was man wollte. Künstlerische Glanzleistungen, sowohl schöpferischer Art wie auch in der Interpretation, formten das kulturelle Bild der Ersten Republik.
Die »Kaffeehausliteratur« der Zwischenkriegszeit bildet ein eigenes Kapitel in der österreichischen Literaturgeschichte. In den Kaffeehäusern, von denen das Café Central und das Café Herrenhof hervorzuheben sind, traf sich das »geistige Wien«: Alfred Polgar und Egon Friedell, Franz Werfel und Hugo von Hofmannsthal, Anton Kuh und Felix Salten, Oskar Kokoschka und Karl Hollitzer, Friedrich Torberg und Hans Weigel . . .
Die anspruchsvollen sozialkritischen Publikationen eines Karl Kraus kursieren heute als literarische Kostbarkeiten. Theater und Musik wurden zu einem willkommenen Refugium gegen die Tristesse der Zeit. Der »große Zauberer« Max Reinhardt schrieb als Regisseur faszinierender Inszenierungen und als Begründer der Salzburger Festspiele österreichische Theatergeschichte. Reinhardts »Gspür« für Talente verhalf bisher unbekannten Schauspielern zu internationalem Ruhm.
In den zwanziger Jahren gab es in Wien 15 bespielte Theater, in denen nicht nur Schauspiele geboten wurden, sondern auch Operetten. In der Zeit der Wirtschaftskrise mußten etliche Theater sperren. Das Carltheater ging zum Schauspiel über und stellte schließlich den Betrieb ganz ein. Das Johann-Strauß-Theater, in dem 1925 Lehárs »Paganini« uraufgeführt wurde, und das Apollo wurden Filmtheater, und nur die Volksoper und das Theater an der Wien hatten weiterhin Operetten auf dem Spielplan.
Die Operette konnte sich dennoch in eine neue Ära retten, indem sie auf eine Mischung von traditioneller Musik und modernen

Rhythmen setzte. In einem Beitrag zum Thema Operette heißt es: »Der Mensch . . . braucht die Operette, weil er ein unstillbares Verlangen nach heiterer Kunst hat . . . Und jeder will sein durch Not, Kampf und Enttäuschung belastetes Dasein für wenige Stunden vergessen, will seine Lebensprobleme durch Frohsinn gelöst sehen . . . auf daß sich die Last zur Lust verwandle . . .«
Die Komponisten der wiederbelebten Operette waren Franz Lehár, Edmund Eysler, Leo Fall, Oscar Straus, Paul Abraham, Emmerich Kálmán und Robert Stolz.
Im November 1934 debütierte ein in Wien unbekannter Tenor aus Holland namens Johannes Heesters an der Wiener Volksoper, die damals von Karl Lustig-Prean geleitet wurde. Die Antrittsrolle als Symon Rymonovicz in Millöckers »Bettelstudent« brachte Heesters einen durchschlagenden Erfolg. Wien hatte einen neuen Publikumsliebling!
In den dreißiger Jahren kamen Begriffe wie »Lustspiel mit Musik«, Revuen, musikalisches Lustspiel auf. Im Theater an der Wien, das als Operettenbühne Tradition hatte, bestätigte sich, daß auch ein musikalisches Lustspiel erfolgreich sein konnte: Benatzkys »Axel an der Himmelstür« erlebte am 1. September 1936 seine Welturaufführung; die große Sensation war allerdings die Hauptdarstellerin, der Star: die Schwedin Zarah Leander.
In ihren Memoiren schreibt die Künstlerin: ». . . und ich unterschrieb den Vertrag, mit 64 Schillingen Gage täglich. Natürlich war es idiotisch und grenzenlos naiv, aber . . . es ist fraglich, ob mein Manager Vidar, der nicht beim Vertragsabschluß dabei war, etwas hätte ändern können. Aber es war ja nicht ich allein, die damals va banque spielte. Das Theater an der Wien nahm mit einer völlig unbekannten Revuesängerin aus Stockholm gleichfalls ein Risiko auf sich . . . Und schließlich war dieses Theater kein x-beliebiges . . .«

»Ich hatte das unbeschreibliche Glück, eine Karte für den Premierenabend zu bekommen. Und es war auch ein eindrucksvolles Erlebnis, bei diesem Ereignis dabei zu sein. Die Ovationen, die man der jungen und in Wien noch unbekannten Leander entgegenbrachte, lassen sich nicht beschreiben. Es war einfach umwerfend. Wenn ich daran denke, in welcher politisch so hochbrisanten Zeit wir damals lebten, und trotzdem gab es ein hochkarätiges Angebot in der Kunst, berührt mich das noch heute! Oper ... Burgtheater ... die philharmonischen Konzerte mit den Dirigenten Wilhelm Furtwängler oder Bruno Walter ... das waren halt Zeiten!« *(Walter B., 78 Jahre)*

Anhänger des zeitgenössischen Theaters besuchten das Raimundtheater, das 1921 bis 1932 von Rudolf Beer geleitet wurde, oder das Volkstheater, das ab 1924 ebenfalls unter Beers Leitung stand. Beer war, ähnlich wie Reinhardt, ein Besessener, ein »Liebhaber«, der sein Leben dem Theater verschrieben hatte; und auch er besaß das Fingerspitzengefühl, große Talente herauszubringen. 1929 wurde unter seiner Direktion Bert Brechts »Dreigroschenoper« aufgeführt. Darüber schrieb der Theaterkritiker Felix Salten: »... ein Werk ... das nach Heute und Morgen riecht ... vielleicht war diese Aufführung ein Wagnis ...«

Auch die 1932 angesetzte österreichische Erstaufführung von Brecht-Weills »Aufstieg und Fall der Stadt Mahagonny« wurde in jener Zeit mit wenig Verständnis aufgenommen.

Als Kulturereignis bewertete die Presse das Gastspiel der aus Amerika eingeladenen »Chocolade Kiddies«; nicht nur die Darsteller, Sänger und Tänzer begeisterten, es war vor allem die Musik, die man in Wien noch nie gehört hatte: Jazz in seiner ursprünglichsten Form.

Von den vielen Schauspielern, die bei Beer gastierten, seien Tilla Durieux, Henny Porten, Elisabeth Bergner, Fritzi Massary, Albert Bassermann und Fritz Kortner genannt.

Wer ein vielfältiges, abwechslungsreiches Programm von Revuen und Sketches, verbunden mit Chansons und Parodien liebte, fand dies im Ronacher auf der Seilerstätte. Das Etablissement, das in den siebziger Jahren des vorigen Jahrhunderts anstelle des abgebrannten Stadttheaters errichtet worden war, verzeichnete in der Zwischenkriegszeit eine beachtenswerte Blüte. Internationale Künst-

ler traten hier auf, man erinnert sich an die legendäre Josephine Baker oder an das Tänzerpaar Anita Berber und Sebastian Droste, die übrigens durch ihre Drogenabhängigkeit für manchen öffentlichen Eklat – in angesehenen Hotels – sorgten.
Auf eine Unterhaltungsstätte der besonderen Art verwies der »rote Bulli mit dem grimmigen Blick«, das Emblem des 1912 gegründeten »Simpl«. Von Anfang an sollte dieses Kabarett in der Wollzeile ein gehobenes Unterhaltungsprogramm bei kleinen Preisen anbieten.
Mit der rasch zu einer Wiener Institution avancierten Kleinkunstbühne sind zwei Namen auf das engste verbunden: Fritz Grünbaum und Karl Farkas. Der aus Brünn stammende exzellente Komiker Fritz Grünbaum, der großen Spaß daran hatte, Zeitprobleme kritisch zu betrachten (und an solchen mangelte es ja damals nicht!), fiel schon allein durch seine typische Sprachmelodie und den unverwechselbaren Jargon auf. Sobald er auf der Bühne erschien, erhielt er vom Publikum »Vorschußlorbeeren«, und manche verspätet angebrachte Pointe ging in begeisterten Beifallstürmen unter.
Grünbaum kreierte die »Doppelconférence« mit Karl Farkas – jenes aus der Laune des Zufalls geborene Zwiegespräch mit doppeltem Boden, dem einfältigen Witz, der in Wahrheit weise ist, eine Plauderei mit sozialkritischer Hintergründigkeit, die die Verlogenheit der Moral anprangert und politische Unzulänglichkeiten aufs Korn nimmt – nicht schockierend, sondern in einen wohltemperierten, vom Wiener Schmäh angereicherten Humor verpackt.
Farkas brillierte auch als Stegreif- und Schnelldichter, der ein aus dem Publikum zugerufenes Wort zu einem unnachahmlichen Wortspiel formen konnte. Eine der gefeierten und beliebtesten Diseusen ihrer Zeit, Mela Mars, trat oft und gern im »Simpl« auf. Auch Raoul Aslan, damals noch als jugendlicher Liebhaber am Deutschen Volkstheater engagiert, trug im »Simpl« deutsche und französische Chansons vor.
Farkas, der immer schon »einen Riecher für das Richtige« hatte, übernahm 1926, neben seiner Tätigkeit im »Simpl«, die Direktion des Wiener Stadttheaters im 8. Bezirk. Er servierte seinem Publikum

genau das, was es in jener Zeit der beginnenden Wirtschaftskrise wollte: leichteste Unterhaltungsware. Die Inszenierung der Farkas-Grünbaum-Revue »Wien lacht wieder« konnte nur ein Riesenerfolg werden!

Im März 1934 etablierte sich im ersten Stock des »Café City« in der Porzellangasse das »ABC-Kabarett«, ein modernes »Brettl«. Hans Margulies hatte die künstlerische Leitung, Franz Böheim, Ernst Hagen, Johann Sklenka, Oskar Wegrostek und Josef Meinrad sind hier aufgetreten. Jura Soyfer und Hans Weigel zeichneten als Hausautoren, Fritz Eckhardt war einer der Regisseure. Am 12. März 1938 fand die letzte Vorstellung der beliebt gewordenen Kleinkunstbühne statt.

Im Café Dobner beim Naschmarkt war die »Literatur am Naschmarkt« zu Hause. Das Theater, das Mitte der dreißiger Jahre eröffnete, bot eine drastische Kultur- und Zeitkritik, die unübertroffen geblieben ist. In seiner Glanzzeit galt dieses Kabarett als »Burgtheater der Kleinkunstbühnen«. Der »Bund junger Autoren« war für das Kabarett verantwortlich, ihr Obmann war Rudolf Weys, der sich einen Literaten aus Budapest namens F. W. Stein als Co-Direktor holte. Mit zunehmendem Renommee dieser Kleinkunstbühne profilierten sich auch die jungen Talente, deren Namen heute noch geläufig sind: Heidemarie Hatheyer, Hilde Krahl, Kurt Nachmann, Carl Merz, Hans Weigel, um nur die allerwichtigsten zu nennen. 1938 wurde auch diese Bühne gesperrt.

1931 eröffnete Stella Kadmon ihren »Lieben Augustin«.

> »Natürlich habe ich von der großen Armut gewußt, meine Mutter hat ja viele Arme betreut, mit Essen, Kleidung und manchmal auch mit Geld versorgt. Trotzdem sind meine Eltern ins Theater gegangen, oft haben sie mich mitgenommen. Theater – das waren für mich Burg und Oper oder die Vorstadtbühnen. Als Backfisch war ich natürlich von den Schauspielern und Sängern hingerissen. Aber mein ganz großer Schwarm war Benjamino Gigli. Ich habe ihn angebetet!«
>
> *(Susi R., 70 Jahre)*

Rudolf Forster, Fritz Kortner, Otto Tressler, die Thimigs, Else Wohlgemuth, Nora Gregor, Hedwig Bleibtreu, Rosa Albach-Retty oder Maria Eis: das sind nur einige Namen der Schauspielerprominenz jener Zeit. Die Opernkoryphäen Leo Slezak, Alfred Piccaver, Richard Tauber, Maria Jeritza, Jarmila Novotna oder Lotte Lehmann symbolisieren die glanzvollen Opernjahre von damals.

> »Ich bin leidenschaftlich gern in die Oper gegangen, aber es reichte gerade für einen Stehplatz. Was im Grunde genommen den Enthusiasmus steigerte. Wissen Sie, daß Jan Kiepura einmal einen eigenen Abend für sein Stehplatzpublikum gegeben hat?« *(Lotte K., 74 Jahre)*

Erwähnenswert ist auch die neue Kultur der Vorstädte, die sich damals neben dem traditionellen Kunstleben entwickelte. Volkshochschulen und Arbeiterbibliotheken, Laientheater und Musikabende bewiesen das kulturelle Engagement von Arbeitern für Arbeiter.
Der Film wurde für viele Menschen zum beliebten Schlupfwinkel in eine heile Welt, in der es weder Haß noch Denunziation gab.
Mitte der zwanziger Jahre gab es in Wien 186 Kinos mit täglich drei Vorstellungen – das entspricht über 18 000 Filmvorführungen innerhalb eines Monats.
Die Filmpaläste mit mindestens 700 Sitzplätzen brachten Filmpremieren. Im Apollo fand im Sommer 1930 die Welturaufführung von »Pariser Leben« (Regie: Max Reinhardt) statt. Zur Premiere seines Films »City Lights« kam Charlie Chaplin selbst nach Wien. Die Aufführung des Universal-Films »Im Westen nichts Neues« nach dem Roman von Remarque löste Demonstrationen der Nationalsozialisten aus, die gegen Thematik und Autor protestierten.
Filme der Zwischenkriegszeit, wie »Liebling der Götter« mit Emil Jannings, »Die Drei von der Tankstelle« mit Lilian Harvey und Willy Fritsch in den Hauptrollen oder »Die Affaire Dreyfus« mit Kortner und Bassermann, sind heute Kostbarkeiten in der Filmgeschichte.
Bruno Franks verfilmte Komödie »Sturm im Wasserglas« mit Hansi Niese lockte 175 000 Besucher in die Wiener Kinos.
Der bahnbrechende Filmemacher in der Frühzeit des österreichi-

schen Films war Alexander (Sascha) Graf Kolowrat, ein exzellenter Manager und unermüdlicher Koordinator, der die Begabung hatte, immer im richtigen Augenblick Geld parat zu haben. In seinem Atelier in Sievering entstand »Das Spielzeug von Paris« mit Hugo Thimig und Hans Moser (es war seine erste Filmrolle); in der »Pratermizzi« (Regie: Gustav Ucicky) spielte eine Neuentdeckung aus Prag die Hauptrolle: Anny Ondra. Für »Café Electric« suchte Kolowrat eine fesche Blondine als Partnerin für den Bonvivant Willi Forst – und fand sie auch: Sie hieß Marlene Dietrich.

Als die amerikanische Filmindustrie den Tonfilm auf den Markt brachte, konnte Österreich erst nach Jahren wieder Schritt halten. Die Innovation mußte erst finanziert werden. Schließlich konnte man im neuerworbenen großen Studio am Rosenhügel die nötigen Apparate und Anlagen installieren. Hier entstand 1930 der erste österreichische Tonfilm: »Geld auf der Straße«. 1934 wurde »Maskerade« mit der für den Film entdeckten Paula Wessely gedreht – eine zeitlose Story, die als Film zum Inbegriff einer Zeit geworden ist. 1936 entstand der letzte österreichische Film: »Lumpazivagabundus« mit Paul Hörbiger, Hans Holt und Heinz Rühmann . . .

Im Mai 1924 hatte das neue Medium Radio seine Geburtsstunde in Österreich. Die »Österreichische Radio-Verkehrs-AG« (RAVAG) brachte aus einem Studio im obersten Stock des Bundesministeriums für Heereswesen am Stubenring erste Probesendungen. Bereits am 1. Oktober konnte die RAVAG offiziell in Betrieb gehen. »Mit heutigem Tage«, schrieb die Kronen Zeitung, »beginnen wir den Broadcasting-Dienst in Österreich« – mit festlichem Programm und festlichen Ansprachen politischer Persönlichkeiten.

> »Mein Vater zählte zu den ersten Radiohörern in Wien, auch zu den ersten Abonnenten. Wenn er vor seinem Detektor saß, die Hörer am Kopf, wünschte er nicht gestört zu werden – und wir Kinder waren von diesem modernen Apparat fasziniert«.
>
> *(Lotte K., 74 Jahre)*

1926 bis 1937 war die RAVAG in der Johannesgasse untergebracht. In jenen Räumlichkeiten ereignete sich auch der erfolglose Putschversuch der Nationalsozialisten am 25. Juli 1934; die Sender sollten in die Hände der Nationalsozialisten fallen. Sie erkannten schon damals die Bedeutung der Möglichkeit unmittelbarer Information als politisches Machtinstrument.

1937 bezog die RAVAG das europaweit modernste Funkhaus in der Argentinierstraße, den heutigen Sitz des Österreichischen Rundfunks (ORF).

Das Radio sollte vor allem Bildung und Unterhaltung ins Haus liefern – der kontinuierliche Ausbau der Senderanlagen und die Anschaffung von sogenannten »Senderautos« ermöglichten die Übertragungen kultureller Ereignisse (Salzburger Festspiele, Opernaufführungen) oder sportlichen Geschehens.

Der Fußball avancierte zum Lieblingssport der Wiener. Bei den Länderspielen waren 20 000 Zuschauer dabei. Die Nationalmannschaft erreichte in den dreißiger Jahren ihre Glanzzeit: Das legendäre »Wunderteam« entstand.

Für ein hautnahes Miterleben am Fußballplatz sorgte der mitreißende Reporter Willy Schmieger. Er war eigentlich Latein- und Griechischprofessor in Linz – bis er durch Zufall seinen »richtigen« Beruf entdeckte und davon nicht mehr los kam. Faszinierende Beredtsamkeit und Wortdynamik machten Willy Schmieger berühmt.

Bereits Ende der zwanziger Jahre konnten die Radiohörer ein vielfältiges Programm verfolgen: Es gab Markt- und Wetterberichte, Börsenkurse, Unterhaltungssendungen, musikalische Darbietungen, Hörspiele und Reportagen. 1926 hatten 300 000 Hörer ihr Gerät abonniert; zehn Jahre später waren es bereits an die 600 000 Abonnenten. Und es gab bereits im Februar 1925 einen »Schwarzhörer«, der gerichtlich verfolgt wurde . . .

Erwähnenswert ist eine Notiz in der »Neuen Freien Presse« vom März 1937: ». . . Es ist vielleicht gewagt, die Zukunft einer geheimnisvollen und wissenschaftlich wunderbaren Errungenschaft, des Fernsehens, vorauszusagen. Das Radio war das Ergebnis einer Theorie, das Fernsehen ist es ebenfalls . . . Man kann . . . darauf rechnen, daß wir in höchstens zwei Jahren unsere Freunde in einer Entfernung von etwa tausend Meilen sehen werden . . . und mit der

Vervollkommnung des Fernsehens wird eine neue Ära anbrechen . . .«
Im Radio wurde selbstverständlich auch von der Eröffnung der Höhenstraße im Oktober 1935 durch Bundespräsident Dr. Miklas berichtet. Das als »dritte Ringstraße« (als »zweite« hatte man den Gürtel bezeichnet) vorgesehene Straßenprojekt sollte von Gipfel zu Gipfel des Kahlenbergs führen. Anläßlich der Höhenstraßeneröffnung schrieb Felix Salten: ». . . Die Straße läuft in die Zukunft, die hoffentlich eine bessere sein wird als die Gegenwart . . .« Der Bau der Höhenstraße gehörte zum Wiener »Arbeitsbeschaffungsprogramm«, zu dem auch die Errichtung der neuen Reichsbrücke zählte.
Im öffentlichen Verkehr setzte sich das Auto immer mehr durch. Bei Verkehrskontrollen gegen rasende Autofahrer wurde man schon damals fündig, als die Geschwindigkeitsbegrenzung in Stadtgebieten noch 35 km/h betrug. 1929 vermerkt die Unfallstatistik zu den Osterfeiertagen fünf Todesopfer in Wien und Umgebung!
Das Luftschiff Zeppelin über Wien, sportliches Gastspiel des amerikanischen Olympioniken und späteren Tarzandarstellers Johnny Weissmuller im Wiener Dianabad, Schiffskatastrophe bei der Reichsbrücke mit fünf Toten, Heuschreckenschwärme in Österreich, die die Ernte vernichten; eindrucksvolle Opernfreiluftaufführungen auf der Hohen Warte (Aida und Tannhäuser); Weltrekorde österreichischer Spitzensportler, Nobelpreise für österreichische Wissenschaftler (Wagner-Jauregg, Landsteiner, Schrödinger); Tausende Selbstmorde und steigende Kriminalität; glanzvolle Ballveranstaltungen und Hilfsaktionen zugunsten hungernder Kinder: das Schlagzeilenkaleidoskop zeichnet das Bild der Zeit jenseits von Politik, in das auch seine Originale gehörten, wie etwa Beatrice Cita Antonia Reichsgräfin Triangi, verwitwete Rindskopf, die schmucküberladen und in extravaganter Kleidung, bis ins Alter auffällig geschminkt, immer dort auftauchte, wo sie die Gesellschaft als deplaciert empfand, oder die »Dame mit der Wespentaille«, die durch ihren von einem enggeschnürten Korsett veränderten Körper in entsprechender, meist noch langer Kleidung auffiel – bis in die ersten Jahre nach dem Zweiten Weltkrieg.

»Keiner hat was ghabt, aber ausgangen is jeder«: Die wienerische Lebensfreude ließ sich selbst in Notzeiten nicht ganz unterdrücken. Man ging zum Heurigen, in Ottakring oder Grinzing, in Oberlaa und in Sievering, in Nußdorf und in Gumpoldskirchen. »Die paar Schülling hamma no allerweu! Kumm, Peperl, spü ›Jetzt trink' ma no a Glaserl Wein!‹« . . .

Der Besuch im Beisl zählte ebenso zu den kleinen Freuden des Alltags, vor allem in den Vorstadtwirtshäusern, in denen der Wirt »a Riesenschnitzl mit an Erdäpfelsalat« um 2 Schilling anbot.

In den sogenannten WÖK-Lokalen konnte man zu Billigpreisen essen, preisgünstige Mittagsabonnements versorgten Sekretärinnen und Subalternangestellte.

Urlaubsträume verpufften im realistischen »Ist-Bestand« der Finanzen, der »Urlaub vor der Haustür« blieb die günstigste Alternative für eine Erholung. Die Familien des Mittelstandes hatten irgendwo in Österreich zwischen Steiermark und Bregenzer Wald ihren Urlaubsort, dem sie ihr Leben lang treu blieben.

Gäste von Rang und mit Geld kamen mit Vorliebe in den Luftkurort Semmering an der Grenze zwischen Niederösterreich und Steiermark, um sich im luxuriösen Hotel »Panhans« einzuquartieren. Hier gab sich ein finanziell saturiertes in- und ausländisches Publikum Rendezvous.

Die Mode der dreißiger Jahre inspiriert noch heute Designer zu modischen Variationen, der Pagenschnitt oder die Kurzhaarfrisur mit onduliertem Haar sind noch immer »in«.

Kultur- und Sportvereine vergrößerten ihre Mitgliederzahlen. Gemeinsame Aktivitäten boten eine ersehnte Ablenkung. Im »Deutsch-Österreichischen Alpenverein« besprach man gipfelstürmende Touren, im national orientierten Schulverein »Südmark« trafen sich Anhänger alten Brauchtums, die jedoch auch um karitative Aktionen bemüht waren. Jugendliche traten dem »Wandervogel« bei, um im Sinne des »Zupfgeigenhansl« die Welt zu entdecken und zu erobern. Studenten schlossen sich Burschenschaften verschiedener Ideologien und »Couleurs« an, die »schlagenden« Verbände, die sich auf alte, deutsche Burschenschaftstradition beriefen, deklarierten ihre nationale Gesinnung nicht nur am Paukboden und bei Kommers-Abenden, sondern suchten sich auch durch provokantes Auftreten und antisemitische Krawalle zu bestätigen. Ein »Studentenbummel« in oder vor der Universität, bei dem »Schlagende« den klerikal orientierten Verbindungs-»Brüdern« begegneten, endete meist mit blutigen Schlägereien.

Die »bessere Gesellschaft« traf sich bei den Herrenabenden der »Schlaraffia« oder den Zusammenkünften des »Wiener Männergesangsvereines«, dessen Faschingsredouten unvergeßlich geblieben sind, bei Damenrunden in Kaffeehäusern, Jours fixes und Bridge-Partien. Da blieb die Armut, die jene Epoche kennzeichnet, ausgeklammert.

Bei Kränzchen und Nobelbällen wurde in festlicher Kleidung getanzt, in Ballrobe und Smoking. Dieses Eintauchen in Vergnügungen, um Konfrontationen mit Tatsächlichem auszuweichen, verführte zu einem Tanz auf einem Vulkan, dessen Finale in der Dissonanz von Vernichtung und Inhumanität verklang . . .

Internationale Modeausstellung in Wien während der Festwochen 1933. Photo: Albert Hilscher

Vorhergehende Seite: Modeschau im Künstlerhaus. Photo: Albert Hilscher, 1935

Oben: Trachtenmode von der Stange im Kaufhaus »Gerngross«. Photo: Fritz Zvacek

Rechts: Die ondulierte Frisur – der »Dernier cri« für die modebewußte Dame

Oben: Modeschau bei »Krupnik«. Photo: Albert Hilscher, 1933

Links: Modevorführung anläßlich der Internationalen Modeausstellung 1933. Photo: Albert Hilscher

Moderenntag in der Freudenau: Pelzmodenschau und *(auf Seite 220)* Mode für die sportliche Dame. Photos: Albert Hilscher, 1935

Linke Seite oben: Finale im »Pelzmodenpreis«. Photo: Albert Hilscher, 1935

Linke Seite unten: Gäste aus Indien lassen sich bei der Internationalen Modeausstellung Wiener Modelle vorführen. Photo: Albert Hilscher, 1933

Nur für
Rennstall-Besitzer
und deren
Vertreter

Das Derby 1932 in der Wiener Freudenau. Baron Alfons Rothschild führt sein Siegerpferd vom Platz. Photo: Lothar Rübelt

Oben: Fräulein Madeleine von Kuh, österreichische Golfmeisterin. Photo: Lothar Rübelt

DIANABAD
WIEN
DAMEN-SCHWIMMHALLE

Die Wienerin Liesl Goldarbeiter wurde 1929 zur Miss Universe gekrönt.
Photo: Albert Hilscher

Linke Seite: Im Dianabad gastierte Rekordschwimmer und Tarzandarsteller Johnny Weissmuller.

Die »Bloßfüßigen« – Nachwuchsfußballer auf den
Gstätten der Vorstadt. Photo: Lothar Rübelt

Mit den Erfolgen des »Wunderteams« wuchs die Begeisterung für Fußball, zu den Spielen strömten Tausende Zuschauer. Das Bild zeigt den Admira-Tormann Franzl bei einem Spiel auf der Hohen Warte.
Photo: Lothar Rübelt

1924 nimmt Österreich erstmals am Daviscup teil und verliert gegen die Schweiz in Wien 4 : 1. Den einzigen Punkt für Österreich erringt das »Enfant terrible« des Tennisplatzes, Graf Ludi Salm. Photo: Lothar Rübelt

Oben: Ein Aufnahmewagen der RAVAG. In den ersten Jahren des Rundfunks wurden in erster Linie Sport- und Kulturveranstaltungen übertragen.

Links: Der legendäre Sportreporter Willy Schmieger bei einer Freiluftübertragung

Oben: Fritzi Burger wird bei den II. Olympischen Winterspielen in St. Moritz 1928 Zweite im Eiskunstlauf.
Photo: Lothar Rübelt

Unten: Skifahren entwickelte sich erst allmählich zum Volkssport. 1928 fand das erste Arlberg-Kandahar-Rennen statt, 1931 die erste – noch inoffizielle – Weltmeisterschaft.

Lilly Scholz und Otto Kaiser erringen 1928 die Silbermedaille bei den Olympischen Winterspielen und werden 1929 Weltmeister im Eiskunstlauf der Paare.
Photo: Lothar Rübelt

Nur wenige konnten es sich leisten, in die Sommerfrische zu fahren. Nach Einführung der Tausendmarksperre im Mai 1933 blieben auch die deutschen Gäste aus. Photo oben: Rudolf Roßmanith; Photo unten: Heinrich Hacker

Im Urlaub gab man sich gern naturverbunden-ländlich, in Dirndl und Lederhose.
Photo oben: Rudolf Roßmanith

Ausflug auf den Gipfel – ein Naturerlebnis.
Photo: Albert Sandner

Rechts: Ob beim Radeln oder beim Angeln: in der Sommerfrische frönte man der Muße.
Photo unten: Rudolf Roßmanith

Hofmannsthals »Jedermann« war vom Gründungsjahr 1920 an fixer Bestandteil der Salzburger Festspiele.

Oben: Helene Thimig als »Glaube« in Max Reinhardts »Jedermann«-Inszenierung auf dem Domplatz

Rechts: Louis Rainer als »Tod« in einer Probenpause. Photos: Albert Hilscher

Links: Max Reinhardt, Mitbegründer der Salzburger Festspiele und Direktor des Theaters in der Josefstadt, das der Spekulant Camillo Castiglioni für ihn renovieren ließ.

Oben: Die amerikanische Sopranistin Dusolina Giannini und Lotte Lehmann in Salzburger Dirndln, 1935. Photos: Albert Hilscher

Links oben: Arturo Toscanini in Salzburg, 1935

Links unten: Mitwirkende der Salzburger Festspiele im Park: Adele Kern, Franz Völker, die Ehefrau von Clemens Krauss Viorica Ursulaec, Eva Hadrabova, Clemens Krauss und L. Altmann

Internationale Prominenz zu Besuch in Wien:

Oben: Maurice Chevalier bei seiner Ankunft auf dem Wiener Westbahnhof. Photo: Albert Hilscher, 1932

Links: Charlie Chaplin, der zur Premiere seines Filmes »City Lights« 1931 nach Wien kam, wurde stürmisch gefeiert.

Oben: Willi Forst bei Dreharbeiten zu seinem Film »Burgtheater«, 1936. Das echte Burgtheater diente als Kulisse, bei den Probeaufnahmen wurden die Sitzreihen mit Publikum aus Pappkarton gefüllt.

Rechts: Marlene Dietrich hatte in früheren Jahren mit Willi Forst in Wien gedreht, in den dreißiger Jahren, nun bereits ein Star, kam sie nur mehr als Urlauberin. Photos: Albert Hilscher

Oben: Elisabeth Bergner war in Berlin zum Star geworden und gastierte 1931 erstmals in Wien.

Links: Raoul Aslan in der Titelrolle von Sassmanns »Metternich«, 1929

Rechts: Gerhart Hauptmann auf der Burgtheaterbühne im Bühnenbild zu seinen »Ratten«. Photo: Lothar Rübelt

Richard Tauber galt in den zwanziger und dreißiger Jahren als der berühmteste Tenor der Welt

Richard Tauber als Jurymitglied bei der Suche nach den schönsten Wiener Damenbeinen

Richard Strauß mit Maria Jeritza anläßlich der Uraufführung von »Die ägyptische Helena« an der Wiener Staatsoper 1928, bei der die Jeritza die Titelrolle sang

Die Soubrette und Wienerliedsängerin Hansi Führer mit ihrem Begleiter, dem Komponisten Karl Weinstabl

Oben: Hans Weigel, Arthur Hellmer, Emil Stöhr und Christl Mardayn bei den Proben zu »Madame sans Géne« im Theater an der Wien, 1937

Rechts: Operettenstar Fritzi Massary

Links: Zarah Leander mit ihrem Partner Max Hansen in Ralph Benatzkys »Axel an der Himmelstür«

d'Ora
BENDA

Im Kabarett »Simpl« kreierten Karl Farkas *(links)* und Fritz Grünbaum *(oben rechts)* ihre legendären Doppelconférencen.

Hermann Leopoldi *(oben links)* trat mit seinen Schlagern im Ronacher und in Bars auf.

Oben: Anton Kuh, Kritiker, Kaffeehausliterat und »Sprechsteller«, debütierte 1926 im Theater in der Josefstadt als Schauspieler.

Rechts: Franz Lehár und Sänger der Operette »Schön ist die Welt« beim Premierenapplaus 1931. Photos: Albert Hilscher

Max Reinhardts Eröffnungsinszenierung als Direktor des Theaters in der Josefstadt: Goldonis »Der Diener zweier Herren«, mit Helene Thimig als Smeraldina und Hermann Thimig als Truffaldino

Links: Robert Stolz gründete 1924 ein eigenes Operettentheater: die Robert-Stolz-Bühne in der Annagasse.

Oben: Konzert der Wiener Philharmoniker vor dem Rathaus während der Festwochen 1931; Dirigent ist Franz Schalk. Photo: Lothar Rübelt

Links: Ball der Stadt Wien 1935. Photo: Albert Hilscher

Oben: Alles Walzer! Ball der Stadt Wien 1936

Rechts: Einzug des Ehrenkomitees.
Photos: Albert Hilscher

Ballprominenz: Richard Tauber und seine Frau Diana Napier, Hubert Marischka

Links: Ball der Stadt Wien 1936. Photos: Albert Hilscher

Ball der Stadt Wien 1935. Bürgermeister Schmitz trinkt auf das Wohl der Stadt . . . Photo: Albert Hilscher

Links: Ball der Stadt Wien 1935. Unter den Ehrengästen: Bundeskanzler Schuschnigg. Photos: Albert Hilscher

Unten: Tanzeinlage beim Opernball 1936

Bei festlichen Anlässen und kirchlichen Prozessionen prägten stets auch die Formationen der Studentenverbindungen mit ihren bunten Uniformen das Bild.

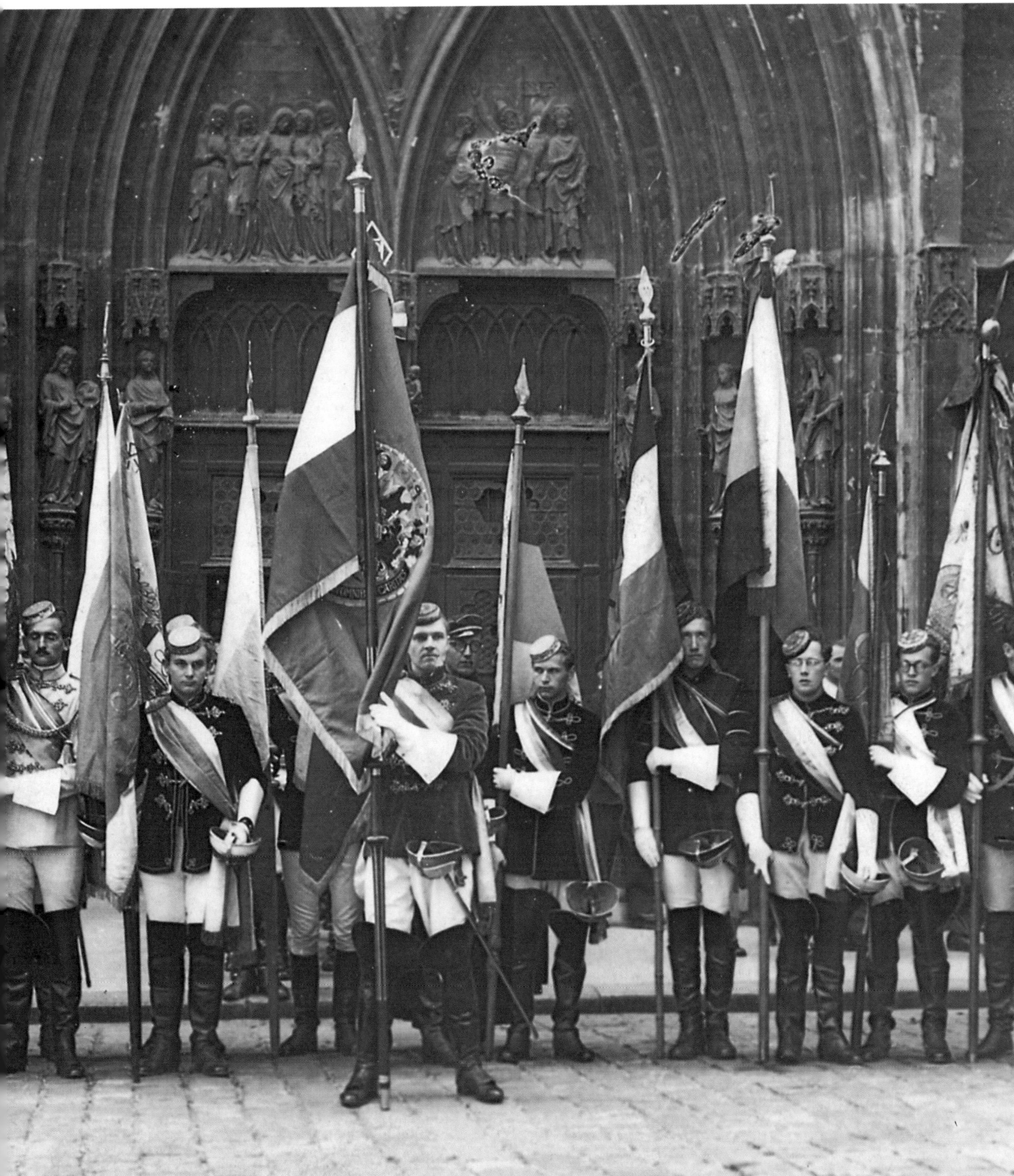

Allerheiligentag am Zentralfriedhof.
Photos: Rudolf Spiegel, 1931

Die Gloriette von Schloß Schönbrunn.
Photo: Rudolf Spiegel, 1935

Bildnachweis

ÖNB, Bildarchiv: Seiten 22 u., 23, 25, 70, 92 u., 130 (2×), 131 (2×), 148, 216 o., 218, 247 u., 262, 263, 264, 265, 266, 267 o., 268, 269 (2×)
Historisches Museum der Stadt Wien: 179 o., 182 u., 183 u., 202, 205 u., 207, 209 r., 212
Vogelsang-Institut: 31, 80, 93, 95, 104, 105, 107 (2×), 108, 111 (2×), 112, 115 (2×), 117 u., 122 (2×)
ÖCV: 276 (3×)
Archiv Dr. Ingrid Hänsel: 177 (4×), 196 (3×), 242, 248 u., 250 (2×), 251 (2×), 252, 253 (2×)
Archiv Dr. Maria Kinz: 254 u., 260 (2×), 267 u., 271 u.
Reprophotos Dr. Wolfgang Schaller: 177 (3×), 182 u., 183 u., 196 (3×), 202, 205 u., 207, 209 r., 248 u., 250 (2×), 251 (2×), 253 (2×)
Alle anderen Bilder: Institut für Zeitgeschichte, Wien

Dieses Buch wäre ohne das Engagement und die Einsatzbereitschaft von Frau Mag. Michaela Gaunerstorfer vom Bildarchiv des Instituts für Zeitgeschichte nicht zustande gekommen. Der Verlag ist ihr und dem Institut für Zeitgeschichte zu großem Dank verpflichtet.